뿔

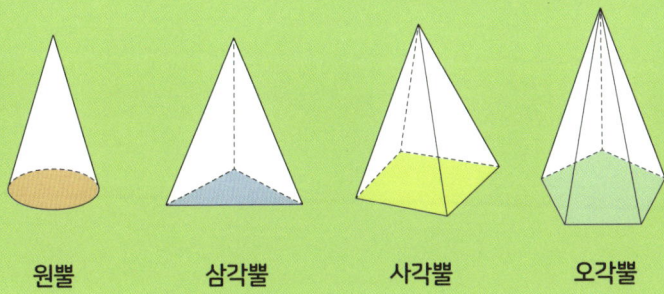

원뿔　　삼각뿔　　사각뿔　　오각뿔

기둥

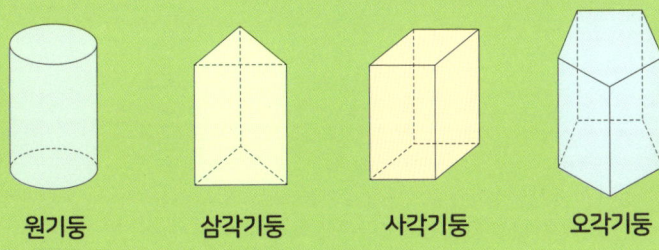

원기둥　　삼각기둥　　사각기둥　　오각기둥

구

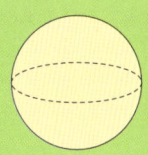

일러두기

* 이 책에는 초등 수학 교과서에 나와 있는 수학 용어를 포함하여 교과서에 나오지는 않지만 수학 교과 학습에서 사용될 수 있는 용어, 그리고 누구나 '수학' 하면 떠올리는 기본 용어들을 수록하였습니다.
* 영역별 주제로 구분되어 있어서 필요한 수학 용어를 쉽게 찾을 수 있습니다.
* 용어의 개념을 쉽게 알 수 있도록 여러 가지 예시와 함께 그림으로 풀어 주었습니다.
* 수학 용어에 대해 영어 표기를 하였습니다. 단, 해설적 제목에 대한 영어 표기는 하지 않았습니다.
* '➜'는 관련 용어의 표시로, 이 기호 뒤에 표시된 용어를 찾아가 보면 관계되는 설명을 확인할 수 있습니다.
* 수학 용어는 수학 교과서 띄어쓰기 기준에 맞추었고, 나머지는 국립국어원 맞춤법을 기준으로 하였습니다.

교과서 옆 개념 잡는 초등수학 사전

1판 1쇄 발행 | 2020. 8. 25.
1판 3쇄 발행 | 2022. 12. 16.

커스틴 로저, 토리 라지 글 | 루스 러셀, 백명식 그림 | 천무현, 지경구 감수 | 김재영 옮김

발행처 김영사
발행인 고세규
편집 김지아 | **디자인** 윤소라 | **마케팅** 곽희은 | **홍보** 박은경, 조은우
등록번호 제 406-2003-036호
등록일자 1979. 5. 17.
주　소 경기도 파주시 문발로 197(우:10881)
전　화 마케팅부 031-955-3100 편집부 031-955-3113~20
팩　스 031-955-3111

값은 표지에 있습니다.

ISBN 978-89-349-9091-8 (74030)
ISBN 978-89-349-9038-3 (세트)

좋은 독자가 좋은 책을 만듭니다. 김영사는 독자 여러분의 의견에 항상 귀 기울이고 있습니다.
전자우편 book@gimmyoung.com | 홈페이지 www.gimmyoungjr.com

이 도서의 국립중앙도서관 출판시도서목록(CIP)은 서지정보유통지원시스템 홈페이지(http://seoji.nl.go.kr)와
국가자료공동목록시스템(http://www.nl.go.kr/kolisnet)에서 이용하실 수 있습니다.
(CIP제어번호 : CIP2020024260)

어린이제품 안전특별법에 의한 표시사항

제품명 도서　제조년월일 2022년 12월 16일　제조사명 김영사　주소 10881 경기도 파주시 문발로 197
전화번호 031-955-3100　제조국명 대한민국　⚠주의 책 모서리에 찍히거나 책장에 베이지 않게 조심하세요.

교과서 옆

개념 잡는
초등수학
사전

천무현·지경구 감수 ― 김재영 옮김
커스틴 로저·토리 라지 글 ― 루스 러셀·백명식 그림

주니어김영사

수와 숫자

수 · 12
숫자 · 12
여러 가지 숫자 · 13
아라비아 숫자 · 13
0(영) · 14
무한대 · 14
자연수 · 15
기수법 · 15
명수법 · 16
자릿값 · 17
수직선 · 18

수의 관계 · 19
배수 · 19
공배수 · 20
짝수 · 21
홀수 · 21
약수 · 22
공약수 · 23
소수 · 24
소인수분해 · 25
합성수 · 25

수열 · 26
항 · 26
규칙 · 27

분수 · 28
분수 표기법 · 28
단위분수 · 29
진분수 · 29
가분수 · 30
대분수 · 30
크기가 같은 분수 · 31
약분 · 32
공통분모 · 33
분수의 덧셈 · 33
분수의 뺄셈 · 34
분수의 곱셈 · 34
분수의 나눗셈 · 35

소수 · 36
소수 · 36
소수의 자리 · 37
소수를 분수로 나타내기 · 38
분수를 소수로 나타내기 · 38
소수의 덧셈 · 40
소수의 뺄셈 · 40
소수의 곱셈 · 41
소수의 나눗셈 · 41

비와 비율 · 42
비 · 42
비를 간단하게 나타내기 · 42
비율 · 43
비례배분 · 43

백분율 · 45
백분율(%) · 45
도형의 백분율 · 46
10% 방법 · 47
분수로 바꾸어 백분율 계산하기 · 47
소수를 이용하여 백분율 계산하기 · 48

소수를 백분율로 고치기 • 48
백분율을 소수로 고치기 • 49
분수를 백분율로 고치기 • 49
백분율을 분수로 고치기 • 49
크기가 같은 분수, 소수, 백분율 • 50
할인 가격과 할인 • 51
백분율로 비교하기 • 52

수의 비교 • 53
유효 숫자 • 53
자연수 비교하기 • 54
소수 비교하기 • 55
여러 가지 수 비교하기 • 56
작은 수부터 차례로 늘어놓기 • 56
큰 수부터 차례로 늘어놓기 • 56

반올림 • 57
반올림 • 57
반올림하여 십의 자리까지 나타내기 • 58
반올림하여 백의 자리까지 나타내기 • 58
반올림하여 천의 자리까지 나타내기 • 59
비교 기호 • 59

연산

어림하고 계산하기 • 62
수량 어림하기 • 62
분수의 크기 어림하기 • 63
반올림하여 어림하기 • 63
계산 방법 • 63

덧셈과 뺄셈 • 64
덧셈 • 64
뺄셈 • 65
덧셈과 뺄셈의 계산 • 67
머리셈으로 덧셈하기 • 69
갈라서 더하기 • 69
자릿값을 이용하여 더하기 • 69
반올림하거나 바꾸어 더하기 • 70
두 배라고 예상하여 더하기 • 71
짝지어서 더하기 • 71
수직선에서 더하기 • 72
백, 십, 일을 더하기 • 73
숫자표를 이용하여 더하기 • 74
필산으로 더하기 • 75
덧셈의 검산 • 77
머리셈으로 뺄셈하기 • 78
편리하게 뺄셈하기 • 79
자릿값을 이용하여 빼기 • 79
반올림하거나 바꾸어 빼기 • 80
백, 십, 일을 빼기 • 81
필산으로 빼기 • 81
세로셈 • 82
뺄셈의 검산 • 83

곱셈과 나눗셈 • 84
곱셈 • 84
나눗셈 • 85
몫과 나머지 • 86
제수와 피제수 • 86
나눗셈하고 반올림하기 • 86
반대 효과 • 87
곱셈표 • 87
두 배 비법 • 91
5배 비법 • 91

9배 비법 · 91
11배 비법 · 92
표를 이용하여 곱셈하기 · 93
10을 곱하기 · 93
100, 1000을 곱하기 · 94
10의 배수를 곱하기 · 94
표를 이용하여 나눗셈하기 · 95
10으로 나누기 · 96
100, 1000으로 나누기 · 96
10의 배수로 나누기 · 97
곱셈의 규칙 · 97
나눗셈의 규칙 · 99
양수와 음수의 곱셈과 나눗셈 · 99
머리셈으로 곱셈하기 · 100
자릿값을 이용하여 곱하기 · 101
반올림하거나 바꾸어 곱하기 · 101
숫자의 순서 바꾸어 곱하기 · 102
두 배하기 · 102
두 배한 뒤 반으로 줄이기 · 102
인수를 이용하여 곱셈하기 · 103
필산으로 곱셈하기 · 104
격자(겔로시아) 곱셈 · 108
곱셈의 검산 · 109
머리셈으로 나눗셈하기 · 110
필산으로 나눗셈하기 · 112
소수의 나눗셈 · 114
나눗셈의 검산 · 114

혼합계산 · 116
괄호( ) · 116
단순한 혼합계산 · 117
이어지는 혼합계산 · 118
복잡한 혼합계산 · 118

계산기 사용법 · 120
숫자와 소수점 · 120
작동 단추 · 120
기억 단추 · 122
음수 나타내기 · 123
무한소수 계산하기 · 123

규칙 상자 · 124
나오는 수 찾기 · 124
들어가는 수 찾기 · 124
규칙 찾기 · 125

방정식 · 126
규칙 알아보기 · 126
상대방이 생각하고 있는 숫자 찾기 · 127
내가 생각한 수는 얼마일까? · 128
수열 · 128
공식 · 129

도형

평면도형과 공간도형 용어 · 132
점 · 132
직선과 선분 · 133
각 · 134
평행선 · 134
수직 · 135
대칭 · 136

각 · 137
각 · 137
각도 · 137

각도 예상하기 • 139
각도기 사용법 • 140
삼각자 • 141
각도 계산하기 • 142

평면도형(2차원 도형) • 145
다각형 • 145
정다각형 • 147
많이 나오는 다각형 • 147
불규칙 다각형 • 148
등각다각형 • 148
등변다각형 • 149
볼록다각형 • 149
오목다각형 • 149
다각형의 이름 • 150
삼각형 • 151
사각형 • 153
사각형의 포함 관계 • 156
원 • 157
타원 • 159
파이 • 160
원과 호 그리기 • 160

무늬 만들기(테셀레이션) • 161
다각형을 이용한 무늬 만들기 • 161
정다각형 무늬 만들기 • 161
준정다각형 무늬 만들기 • 162

입체도형 • 163
입체도형 관련 용어 • 163
다면체 • 164
각뿔 • 166
원뿔 • 166

기둥 • 167
구 • 168
반구 • 168
전개도 • 169

대칭 • 171
선대칭 • 171
대칭축 • 172
회전대칭 • 173
회전대칭의 중심 • 173
평면도형의 대칭 • 174

도형의 이동 • 176
시계 방향과 시계 반대 방향 • 176
도형 돌리기 • 176
도형 뒤집기 • 178
도형 밀기 • 179
도형의 합동 • 180
닮음 • 180

좌표와 방위 • 181
수평 • 181
수직 • 182
빗금 • 182
좌표평면 • 182
좌표 • 183
좌표의 규칙 • 184
만나는 직선 • 184
나침반의 방위 • 185

측정

측정 · 188
도량형 · 188
미터법 · 188
미터법에서의 단위 · 189
단위를 바꾸는 계산 · 189
알맞은 단위 고르기 · 190
눈금 읽기 · 190
길이 · 191
길이와 관련된 표현 · 192
측정 도구 · 193
길이 어림하기 · 193
질량과 무게 · 195
무게 어림하기 · 195
무게 측정하기 · 196
들이 · 197
들이 측정하기 · 197
들이 어림하기 · 198
시각 · 198
시간 · 199
시간의 단위 · 199
달력 · 200
12시간제 · 201
24시간제 · 201
아날로그 시계 · 202
디지털 시계 · 203
시간의 단위 바꾸기 · 203
시간의 차 구하기 · 204
세계 시각 · 204
그리니치 표준시(GMT) · 205
서머타임 · 206
국제 날짜 변경선 · 206

둘레 · 207
도형의 둘레 구하기 · 207
복합도형의 둘레 · 208
곡선이 있는 도형의 둘레 · 208

넓이 · 209
넓이 어림하기 · 209
대각선 방향으로 그려진 도형 · 209
곡선이 있는 도형 · 210
넓이와 둘레 · 211
넓이의 보존 · 212
칠교 · 212
직사각형과 정사각형의 넓이 · 214
평행사변형의 넓이 · 215
삼각형의 넓이 · 216
사각형의 넓이 · 217
복합도형의 넓이 · 218
원의 넓이 · 220
겉넓이 · 222

부피 · 224
부피의 단위 · 224
직육면체의 부피 · 225
정육면체의 부피 · 225

자료와 가능성

자료의 처리 · 228
흩어진 자료(이산량) · 228
연속된 자료 · 228
자료 모으기 · 228
설문 조사 · 229

질문지 · 229
자료 목록 · 230
빗금분포표 · 230
도수분포표 · 231

자료의 분류 · 232
그림그래프 · 232
막대그래프 · 234
원그래프 · 236
표 만들기 · 237
벤 다이어그램 · 237
꺾은선그래프 · 238
시간-거리 그래프 · 239

평균 · 241
최빈값 · 241
평균값 · 242
중앙값 · 242
자료의 범위 · 243

확률 · 244
사건 · 244
결과 · 244
결과가 같은 확률 · 244
확률의 범위 · 245
무작위 · 246
동전의 확률 · 246
주사위의 확률 · 247
공평한 것, 불공평한 것 · 247

수학 기호 · 248

ㄱㄴㄷ 순서로 찾아보기 · 250

수와 숫자

수는 대상의 여러 가지를 표현할 수 있게 해 줘요. 예를 들어 몇 살인지, 몇 시인지, 물건 값으로 얼마를 내야 하는지, 접시 위에 빵을 몇 개나 놓아야 하는지 등 상황에 맞는 것을 헤아리고 표현하는 데 사용하지요.

숫자 numerals

숫자는 수를 나타내기 위해 사용하는 기호들이에요. 아래에 있는 각 숫자들은 오른쪽에 있는 단추가 몇 개인지 알려 주고 있어요.

0

1 ●

2 ● ●

3 ● ● ●

4 ● ● ● ●

5 ● ● ● ● ●

6 ● ● ● ● ● ●

7 ● ● ● ● ● ● ●

8 ● ● ● ● ● ● ● ●

9 ● ● ● ● ● ● ● ● ●

만약 숫자가 없었다면 수많은 단추들을 나타내기 무척 어려웠겠죠?

여러 가지 숫자

오래전 세계 곳곳에서는 각기 다른 숫자를 사용했어요. 똑같은 숫자를 어떻게 다르게 나타냈는지 '여섯'을 예로 들어 살펴볼까요?

고대 로마에서 사용하던 로마 숫자예요. 건물에 로마 숫자로 날짜를 새겨 놓은 것을 본 적이 있을 거예요.

중국에서 쓰던 글자로, 중국 사람은 '리오'라고 읽어요.

오늘날 전 세계 사람이 사용하고 있는 아라비아 숫자예요.

아라비아 숫자 digits

숫자는 0~9까지 10개가 있어요. 이 숫자들을 여러 개 함께 쓰면 큰 수도 나타낼 수 있어요. 예를 들어 3과 4를 함께 쓰면 34, 43 그리고 34433과 같은 여러 숫자를 만들 수 있어요.

0 1 2 3 4
5 6 7 8 9

0 (영) zero

아무것도 없음, 빈자리를 나타내는 수, 기준점

아라비아 숫자 0은 아무것도 없는 것을 뜻해서 '공'이라고 읽기도 해요.
0은 0만 쓸 수도 있고, 다른 숫자와 함께 쓸 수도 있어요. 0을 다른 숫자와 같이 쓸 때에는 자리에 맞게 써야 해요.

만약 0이 없다면 1001은 11이 될 거예요. 1001과 11은 크기가 전혀 다른 수예요. 0이 없을 때에는 큰 수를 나타내기 위해서 새로운 기호를 만들어 내야 했어요. 예를 들어 로마 숫자에는 0이 없기 때문에 1804를 MDCCCIV로 나타냈어요. 많이 불편했겠죠?

▲ 로마 숫자로 M은 1000, D는 500, C는 100, IV는 4를 나타낸다.

무한대 infinity

아무리 큰 수라도 그 수에 1을 더하면 더 큰 수가 만들어져요. 반대로 아무리 작은 수라도 그 수에서 1을 빼면 더 작은 수가 되지요. 이렇게 수는 끝이 없는데, 이것을 '무한대'라고 해요.

▲ 무한대

자연수 natural number

수를 셀 때나 순서를 매길 때 사용되는 수를 말해요. '1, 2, 3…'처럼 1부터 시작하여 하나씩 더하여 얻는 수를 통틀어 이르는 말이에요.

기수법 numeral systems

수를 세거나 계산을 할 때 숫자의 자릿값을 정해 놓은 규칙

우리가 일상생활에서 수를 헤아릴 때 사용하는 기수법은 십진법이에요. 십진법에서는 0, 1, 2, 3, 4, 5, 6, 7, 8, 9 이렇게 10개의 숫자를 사용해요.
반면 컴퓨터 같은 전기 장치에서는 이진법이라는 기수법을 사용하고 있어요. 이진법은 0과 1 두 개의 숫자만 사용하여 나타내는 방법이에요.
시계, 달력은 12가 한 단위가 되는 12진법을 사용하며, 초는 60진법을 사용해요.

우리는 손가락이 10개라 십진법이 가장 쉽고 익숙해요.

➜ 명수법

명수법 numeration

수를 기호가 아닌 말로 나타낸 것

수를 읽으려면 수에 이름이 있어야 해요. 명수법은 '1'을 '일'이라고 읽고, '100'을 '백', '35246'을 '삼만오천이백사십육'이라고 부르는 방법을 말해요.

명수법은 나라마다 달라요. 일, 십, 백, 천, 만처럼 10배가 되면 새로운 이름을 붙이고, 1만 배마다 억, 조, 경, 해 등으로 새로운 이름을 붙여 끊어서 읽어요. '1만×1만'은 1억, '1억×1만'은 1조, '1조×1만'은 1경이에요.

아래 그림처럼 '1234567890123456789'와 같은 숫자가 있다면 일의 자리부터 4자리씩 끊어서 '일백이십삼경 사천오백육십칠조 팔천구백일억 이천삼백사십오만 육천칠백팔십구'라고 읽어요.

123/4567/8901/2345/6789

일백이십삼경   사천오백육십칠조   팔천구백일억   이천삼백사십오만   육천칠백팔십구

숫자 읽는 법은 상황에 따라 달라져요. 수의 차례와 관계가 있을 때는 '일, 이, 삼…'이라고 읽고, 개수와 횟수 등의 크기와 관계가 있을 때는 '하나, 둘, 셋…'으로 읽어요.

명수법은 수를 말로, 기수법은 수를 기호로 나타낸 거예요.

➜ 기수법

자릿값 place value

같은 숫자라도 어느 자리에 있느냐에 따라 달라지는 값

어떤 것의 값은 그것이 얼만큼의 가치를 갖고 있는지에 따라 정해져요. 수에서도 숫자들이 나타내는 값이 있는데, 그 값은 그 숫자들의 자릿값에 따라 달라져요.

예를 들어 36에서 6은 일의 자리에 있어서 값이 6이지만, 603에서 6은 백의 자리에 쓰였기 때문에 값이 600이에요.

아래 표를 보면 자릿값에 따라 5가 나타내는 값이 어떻게 다른지 알 수 있어요. 표에서 0은 자리가 다르다는 것을 알려 주기 위해 쓰인 거예요.

백만	십만	만	천	백	십	일	.	영점일	영점영일	
						0	.	0	5	영점영오
						0	.	5		영점오
						5	.	0		오
					5	0	.	0		오십
				5	0	0	.	0		오백
			5	0	0	0	.	0		오천
		5	0	0	0	0	.	0		오만
	5	0	0	0	0	0	.	0		오십만
5	0	0	0	0	0	0	.	0		오백만

↑ 소수점

자릿값은 왼쪽으로 갈수록 오른쪽 자리보다 10배씩 커져요. 수를 읽을 때에는 각 자릿값에 맞게 읽어야 해요.

수직선 number lines

직선 위의 점에 일정한 간격으로 수를 대응시킨 것

수직선은 끝없이 이어지는 수를 그림으로 나타낸 거예요. 수직선 위에 수를 나타낼 때에는 크기 순서대로 표시해요.

〈0부터 5까지의 자연수를 나타낸 수직선〉

〈분수를 나타낸 수직선〉

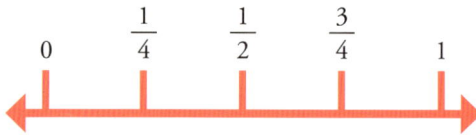

〈소수를 나타낸 수직선〉

➜ 소수, 숫자, 분수, 영

수의 관계

수는 서로 관계를 맺고 있는데, 그 관계를 살펴보면 숫자들에 대해서 잘 알 수 있어요. 예를 들어 6은 그냥 6이기도 하지만 3과 2의 곱이기도 하고, 6과 1의 곱이기도 하고, 12의 반이기도 하지요.

배수 multiples

어떤 자연수를 1배, 2배, 3배, 4배… 한 수

〈3의 배수〉: 3으로 나누어 떨어지는 수
3=(3×1), 6=(3×2), 9=(3×3)

〈배수 판정법〉

배수	확인하기
2의 배수	일의 자리 수가 0, 2, 4, 6, 8인 수
3의 배수	자릿값의 합이 3의 배수인 수
4의 배수	백의 자리 수까지가 4의 배수인 수
5의 배수	일의 자리 수가 0, 5인 수
6의 배수	자릿값의 합이 3의 배수이면서 짝수인 수
8의 배수	천의 자리 수까지가 4의 배수인 수
9의 배수	자릿값의 합이 9의 배수인 수

* 7의 배수 판정법은 아직 발견하지 않았어요. 여러분이 수학의 노벨상인 필즈상에 도전해 보세요.

➜ 나눗셈의 규칙

공배수 common multiples

둘 이상의 자연수에 공통으로 해당하는 배수

예를 들어 6, 12, 18은 2와 3의 공배수예요. 공배수 중에서 가장 작은 수를 최소공배수라고 해요.

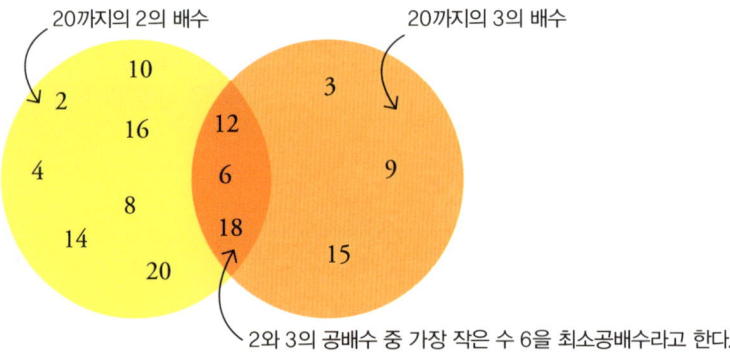

20까지의 2의 배수: 2, 10, 16, 4, 8, 14, 20
20까지의 3의 배수: 3, 9, 15
공통: 12, 6, 18

2와 3의 공배수 중 가장 작은 수 6을 최소공배수라고 한다.

두 수의 공배수는 두 수의 최소공배수의 배수와 같아요.

➜ 공약수

짝수 even numbers

2의 배수

짝수는 2의 배수로 2로 나누면 나누어떨어져요. 따라서 짝수인지 아닌지 알아보려면 일의 자리 수가 0,2,4,6,8로 끝나는지만 살펴보면 돼요(0도 짝수로 취급해요). 예를 들어 2로 나누어떨어지는 2, 48, 556은 짝수예요.

> 2 4 6 8 10 12 14 16 18 20

▲ 0보다 큰 수 중에서 처음 나오는 짝수를 작은 수부터 나열한 10개의 수

➜ 자연수, 홀수

홀수 odd numbers

2의 배수가 아닌 수

홀수는 2의 배수가 아니라서 2로 나누어떨어지지 않아요. 홀수는 1, 3, 5, 7, 9로 끝나는 수예요. 따라서 5, 51, 463 등은 모두 홀수예요.

> 1 3 5 7 9 11 13 15 17 19

▲ 0보다 큰 수 중에서 처음 나오는 홀수를 작은 수부터 나열한 10개의 수

➜ 자연수, 짝수

약수 factors

어떤 자연수를 나누어떨어지게 하는 자연수

예를 들어 3에 4를 곱하면 12이므로, 12는 3으로 나누어떨어져요. 따라서 3은 12의 약수예요. 마찬가지로 4도 12의 약수예요.

⟨12의 약수⟩

> 1 2 3 4 6 12

12를 아래와 같이 나누면 약수를 구할 수 있어요.

> $12 \div 1 = 12$　　$12 \div 2 = 6$　　$12 \div 3 = 4$
> $12 \div 4 = 3$　　$12 \div 6 = 2$　　$12 \div 12 = 1$

12의 약수 순서쌍은 아래와 같은 방법으로 구해요.

> $(1, 12), (12, 1) \leftarrow 1 \times 12 = 12$
> $(2, 6), (6, 2) \leftarrow 2 \times 6 = 12$
> $(3, 4), (4, 3) \leftarrow 3 \times 4 = 12$

모든 수는 1과 자신으로 나눌 수 있기 때문에 약수가 적어도 2개(숫자 1을 제외하고)예요. 또한 어떤 수의 약수 중에서 가장 작은 수는 1이고, 가장 큰 수는 자기 자신이에요. 예를 들어 4의 약수는 1, 2, 4이고, 이 중에서 가장 작은 수는 1, 가장 큰 수는 4예요.

⟨약수 찾는 방법⟩

배수 판정법을 이용하여 1, 2, 3… 등 차례대로 곱해서 만들어지는 순서쌍을 찾아요. 예를 들어 48의 약수를 찾아볼까요.

❶ 1×48을 적는다. (1,　　　 48)
❷ 48이 2의 배수인지 생각해 보고 2×24를 적는다. (1,2,　　　 24,48)
❸ 3의 배수인지 확인한다. (1,2,3　　 16,24,48)
❹ 4의 배수인지 확인한다. (1,2,3,4,　 12,16,24,48)
❺ 5의 배수는 아니므로 6의 배수인지 확인한다. (1,2,3,4,6,　 8,12,16,24,48)
❻ 7의 배수는 아니고, 8의 배수는 6의 배수를 찾을 때 약수를 기록하였으므로, 48의 약수는 (1,2,3,4,6,8,12,16,24,48)이다.

➜ 나눗셈, 공약수, 짝수, 홀수, 자연수

공약수 common factors

둘 이상의 수를 동시에 나누어떨어지게 하는 자연수

예를 들어 9와 12의 공약수는 1과 3이에요.

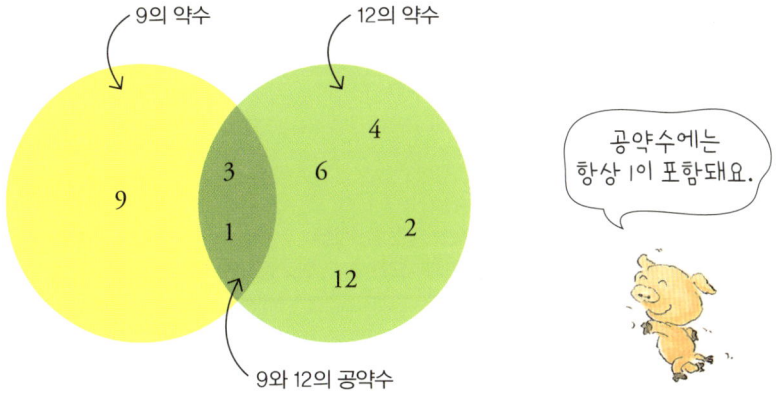

9와 12의 공약수 중에서 가장 큰 수인 3이 두 수의 최대공약수예요.

소수 prime numbers

1과 그 자신 이외의 자연수로는 나누어떨어지지 않는 1보다 큰 자연수, 또는 약수가 2개인 자연수

소수는 2, 3, 5, 7, 11, 13, 17, 19, 23, 29…처럼 1과 자신만으로 나누어지는 수로, 약수가 딱 두 개예요. 따라서 두 자릿수를 2, 3, 5, 7로 나누었을 때 이 수들을 약수로 갖지 않으면 소수예요.

아래 표에서 초록색 칸은 2, 3, 5, 7의 배수이고, 보라색 칸은 소수예요.

1	2	3	4	5	6	7	8	9	10
11	12	13	14	15	16	17	18	19	20
21	22	23	24	25	26	27	28	29	30
31	32	33	34	35	36	37	38	39	40
41	42	43	44	45	46	47	48	49	50
51	52	53	54	55	56	57	58	59	60
61	62	63	64	65	66	67	68	69	70
71	72	73	74	75	76	77	78	79	80
81	82	83	84	85	86	87	88	89	90
91	92	93	94	95	96	97	98	99	100

소수에 대해 꼭 알아야 할 내용
- 1은 약수가 한 개이므로 소수가 아니에요.
- 2는 유일하게 짝수인 소수이고, 다른 소수는 모두 홀수예요.
- 2와 5를 제외한 모든 소수는 1, 3, 7, 9로 끝나요(1, 3, 7, 9로 끝나는 수가 모두 소수라는 말은 아니에요).

➜ 나눗셈, 짝수, 홀수

소인수분해 prime factorization

합성수를 소수의 곱의 형태로 나타내는 것

합성수를 소수의 곱으로 나타내는 방법을 말하며, 소인수분해를 통해 약수의 개수와 최소공배수를 쉽게 찾을 수 있어요.

$$12 = 2 \times 2 \times 3$$

12를 소인수분해하면 2가 2번 사용되었고, 3이 1번 사용되었지요. 사용된 횟수에 1씩을 더하고 두 수를 곱하면 약수의 개수가 돼요. 즉 3×2=6, 12는 6개의 약수를 가집니다.

$$40 = 2 \times 2 \times 2 \times 5$$

같은 방법으로, 40은 2가 3번, 5가 1번 사용되었으므로 4×2=8, 8개의 약수를 가집니다.
12와 40의 최소공배수를 찾기 위해서는 공통인 소인수와 공통이 아닌 소인수를 모두 곱하면 되는데, 두 수의 공배수를 찾으면 2×2로, 최소공배수는 2×2×3×2×5입니다.

합성수 composite numbers

약수가 셋 이상인 수

10은 약수가 네 개이므로 합성수예요. 0과 2를 제외한 짝수는 모두 합성수이고, 1보다 큰 수는 모두 합성수이거나 소수예요.

➜ 덧셈, 약수, 소수

수열은 어떤 것이 일정한 규칙에 따라 순서대로 배열되어 있는 것을 말해요. 예를 들어 숫자가 2, 4, 6, 8 등 짝수로 배열되어 있을 수도 있고, 평면도형이나 그림 등이 규칙적으로 놓여 있을 수도 있는데, 이런 것을 수열이라고 해요.

항 terms

수열에서의 어떤 수, 도형, 그림 등

예를 들어 아래 수열에서 각 항은 먼저 나온 항의 두 배라는 규칙이 있어요.

$$\underset{\text{첫째 항}}{1} \quad \underset{\text{둘째 항}}{2} \quad \underset{\text{셋째 항}}{4} \quad \underset{\text{넷째 항}}{8} \quad \cdots$$

아래 수열에서 항은 도형이에요. 각 항은 앞에 나온 항보다 변의 수가 하나씩 많아지고 있어요.

아래 항들은 색깔이 빨강, 파랑, 노랑이 되풀이되면서 규칙적으로 변하고 있어요.

규칙 rules

수열에는 적용되는 규칙이 있어요. 수열에서 숫자들이 어떻게 달라지는지 규칙을 찾아보면 그 규칙에 따라 다음에 올 항을 구할 수 있어요.

다음에서 여섯째 항과 일곱째 항을 구하려면 먼저 수열의 규칙을 찾아야 해요. 각 숫자들이 어떻게 변하는지 살펴볼까요?

```
 1    2    3    4     5    6   7
 2    5    8    11    14   ?   ?
    +3   +3   +3   +3
```

각 숫자들을 살펴보면 '3씩 더해 나간다'는 규칙을 찾을 수 있어요. 따라서 14 다음에 나올 수는 17과 20이에요.

분수는 부분이 전체에서 차지하는 비율을 나타내는 수예요. 사과 반쪽처럼 한 개의 일부분일 수도 있고, 사과나무에 달린 여러 개의 사과 중에서 사과 한 개처럼 묶음의 일부분일 수도 있어요.

분수 표기법

분수는 어떤 숫자 위에 가로선을 긋고 다른 숫자를 써서 나타내요. 예를 들어 반을 나타내는 '2분의 1'은 $\frac{1}{2}$이라고 써요.

분자 → $\frac{1}{2}$ $\frac{1}{3}$ $\frac{1}{4}$ $\frac{1}{5}$ ← 분모

분모를 보면 전체를 같은 부분 몇 개로 나누었는지 알 수 있어요. 예를 들어 사과를 똑같이 네 조각으로 나눈 것 중에서 세 조각을 먹었다면 4분의 3을 먹은 거예요. 이것을 분수로 쓰면 $\frac{3}{4}$이에요.

$$\frac{0.87}{5} , \quad \frac{\frac{2}{17}}{0.4577}$$

위의 예처럼 분모와 분자에 소수와 분수가 있는 것들도 분수예요.

분수에서 가로선 윗부분은 분자, 가로선 아랫부분은 분모라고 해요.

단위분수 unit fraction

분자가 1인 분수를 말해요. 단위분수는 분모가 클수록 더 작은 분수예요.

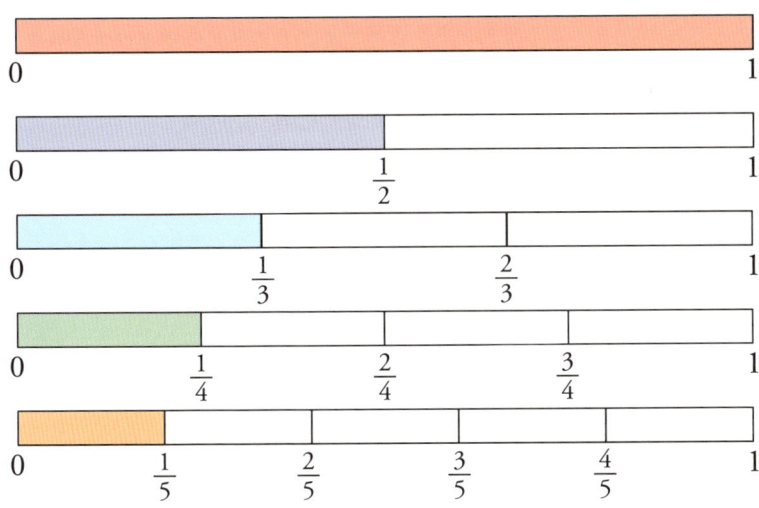

$$\frac{1}{2} > \frac{1}{3} > \frac{1}{4} > \frac{1}{5}$$

진분수 proper fraction

분수 중에서 분자가 분모보다 작은 분수

진분수의 크기는 0보다 크거나 같고 1보다 작아요.

진분수 = $\frac{분자}{분모}$ $\quad \frac{1}{2} \quad \frac{5}{6} \quad \frac{9}{13} \quad \frac{99}{100} \quad \cdots$

가분수 improper fraction

분수 중에서 분자가 분모보다 크거나 같은 분수

가분수의 크기는 1보다 크거나 같아요.

$$\text{가분수} = \frac{\text{분자}}{\text{분모}} \qquad \frac{3}{2} \quad \frac{8}{8} \quad \frac{19}{13} \quad \frac{110}{100} \quad \cdots$$

대분수 mixed fraction

자연수와 진분수를 합한 값을 나타낸 분수

예를 들어 $2\frac{1}{3}$ 은 $2+\frac{1}{3}$ 이라는 뜻으로, '2와 3분의 1'이라고 읽어요.

자연수 → $2\frac{1}{3}$ ← 진분수

〈대분수를 가분수로 바꾸기〉

대분수를 가분수로 바꾸면 계산을 더 쉽게 할 수 있어요.

자연수 → $2\frac{1}{3}$ ← 분자 / ← 분모

❶ 자연수에 분모를 곱한다. $2 \times 3 = 6$
❷ ❶에 분자를 더한다. $6 + 1 = 7$
❸ 분모 위에 합한 분자를 쓴다. $\frac{7}{3}$

$$2\frac{1}{3} = 2 + \frac{1}{3} = \frac{6}{3} + \frac{1}{3} = \frac{7}{3}$$

〈가분수를 대분수로 바꾸기〉

가분수를 대분수로 나타내면 분수의 크기를 알기가 더 쉬워요.

$$\frac{9}{2} = \frac{4 \times 2 + 1}{2} = \frac{4 \times 2}{2} + \frac{1}{2} = 4 + \frac{1}{2} = 4\frac{1}{2}$$

크기가 같은 분수

다르게 보이지만 값이 같은 분수

분수에는 크기가 같은 분수가 무한히 있어요. 다음에서 크기가 같은 분수를 구해 볼까요?

아래 케이크의 반을 먹었다면 어떤 조각으로 잘라도 반을 먹은 거예요.

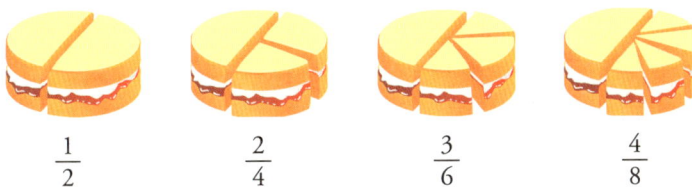

$\frac{1}{2}$　　　$\frac{2}{4}$　　　$\frac{3}{6}$　　　$\frac{4}{8}$

〈크기가 같은 분수 만들기〉

분수의 분자와 분모에 0이 아닌 같은 수를 곱하거나(배분) 같은 수로 나누어 주면(약분) 크기가 같은 분수를 만들 수 있어요.

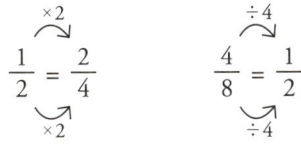

분모와 분자가 같다면 그 분수는 전체를 나타내요.

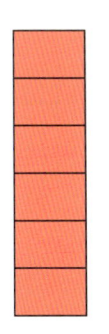
막대의 $\frac{6}{6}$은 이 막대 전체를 뜻한다.

이 나비 집단의 $\frac{7}{7}$은 분홍색이다.

약분 simplifying fractions

분자와 분모를 같은 공약수로 나누어 간단하게 만드는 것

약분을 하면 더 작은 숫자들로 이루어진 크기가 같은 분수가 돼요. 이때 마지막까지 약분을 하여 더 이상 분자와 분모를 같은 수로 나눌 수 없게 되면 기약분수(이미 약분이 된 분수)가 만들어져요.

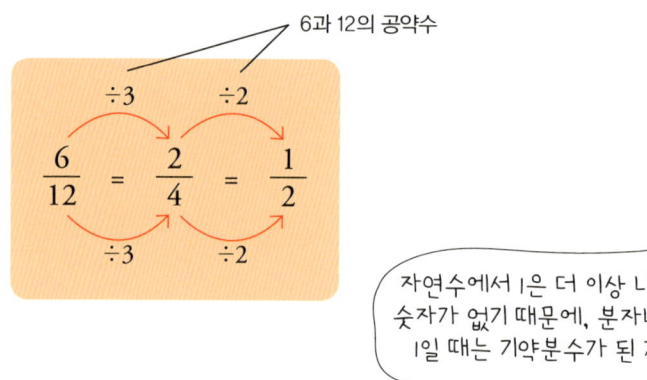

자연수에서 1은 더 이상 나누어 줄 숫자가 없기 때문에, 분자나 분모가 1일 때는 기약분수가 된 거예요.

➜ 공약수, 분모, 나눗셈, 크기가 같은 분수

공통분모 common denominators

둘 이상의 분수에서 분모가 모두 같은 경우의 분모

공통분모를 구하면 분수의 크기를 쉽게 비교할 수 있어요.
분모가 다른 분수를 분모가 같은 분수로 만드는 것을 통분이라고 해요. 통분을 하기 위해서는 두 분모의 공배수나 최소공배수를 구하면 돼요. 공배수는 두 분수의 곱으로 구하면 간단하겠지만 수가 커질 수도 있어요.

〈공통분모 구하기〉

$\frac{1}{2}$과 $\frac{3}{4}$을 비교하려면 두 분수의 분모인 2와 4의 최소공배수를 구해야 해요.

$$\underline{\frac{1}{2} + \frac{3}{4}} = \frac{1 \times 4}{2 \times 4} + \frac{3 \times 2}{4 \times 2} = \underline{\frac{4}{8} + \frac{6}{8}} = \frac{10}{8} = \frac{5}{4} = 1\frac{1}{4}$$

분모가 다르다   분모가 같다(공통분모)

분수의 덧셈

분모가 같을 경우 분모는 그대로 두고 분자만 서로 더하여 계산해요. 만약 분모가 다르다면 통분하여 분모를 같게 한 다음 더해요.
그리고 두 분자를 더한 뒤에 약분하여 기약분수로 답을 써요.

$1\frac{2}{3} + \frac{1}{2} = \frac{5}{3} + \frac{1}{2}$ 대분수를 가분수로 바꾼다.

$\qquad\quad = \frac{10}{6} + \frac{3}{6}$ 공통분모인 6으로 바꾼다.

$\qquad\quad = \frac{13}{6}$ 분자끼리 더한다.

$\qquad\quad = 2\frac{1}{6}$ 가분수를 대분수로 나타내고, 약분하여 기약분수로 나타낸다.

분수의 뺄셈

분수의 뺄셈을 할 때 분수가 대분수로 되어 있다면 가분수로 바꾸고, 분모가 다르다면 공통분모로 하는 분수로 바꿔요.
그리고 앞에 있는 분자에서 뒤에 있는 분자를 뺀 뒤에 약분하여 기약분수로 답을 써요.

$1\dfrac{2}{3} - \dfrac{1}{6} = \dfrac{5}{3} - \dfrac{1}{6}$ 대분수를 가분수로 바꾼다.

$= \dfrac{10}{6} - \dfrac{1}{6}$ 공통분모인 6으로 바꾼다.

$= \dfrac{9}{6}$ 분자끼리 뺀다.

$= \dfrac{3}{2} = 1\dfrac{1}{2}$ 약분하여 기약분수로 나타낸다.

분수의 곱셈

대분수는 가분수로 고친 뒤 분자는 분자끼리 분모는 분모끼리 곱해요. 곱하기 전이나 후에 약분하여 기약분수로 답을 써요.

$2\dfrac{2}{3} \times \dfrac{1}{2} = \dfrac{8}{3} \times \dfrac{1}{2}$ 가분수로 바꾼다.

$= \dfrac{8 \times 1}{3 \times 2}$ 분자는 분자끼리 분모는 분모끼리 곱한다.

$= \dfrac{8}{6}$

$= \dfrac{4}{3}$

$= 1\dfrac{1}{3}$ 곱하기 전이나 후에 약분하여 기약분수로 나타낸다.

분수의 나눗셈

대분수를 가분수로 고치고, 두 번째에 나온 분수의 분자와 분모의 위치를 바꾸어 써요. 그런 다음 곱셈을 할 때처럼 곱해요. 마지막으로 정답을 쓸 때는 기약분수로 나타내요.

$2\frac{2}{3} \div \frac{1}{2} = \frac{8}{3} \div \frac{1}{2}$ 가분수로 바꾼다.

$= \frac{8}{3} \times \frac{2}{1}$ 두 번째 분수의 분모와 분자를 바꾸어 곱한다.

$= \frac{8 \times 2}{3 \times 1}$ 분자는 분자끼리 분모는 분모끼리 곱한다.
(이때 곱하기 전이나 후에 약분하여

$= \frac{16}{3}$ 기약분수로 나타내거나 대분수로 고친다.)

$= 5\frac{1}{3}$

소수

소수는 자연수와 소수점, 1보다 작은 자릿값을 가지는 소수 부분으로 이루어진 수예요. 예를 들어 0.1, 22.3, -12.119 등이 소수예요. 소수점 뒤에 나오는 숫자는 0.1, 0.01, 0.001 등을 자릿값으로 가져요. 그리고 소수는 분모가 10, 100, 1000인 분수로 표현할 수 있어요.

소수 decimal number

일의 자리보다 작은 자릿값을 가진 수

십의 자리	일의 자리	.	영점일 (소수 첫째 자리)	영점영일 (소수 둘째 자리)	영점영영일 (소수 셋째 자리)
3	5	.	2	2	5
30	5	↑ 소수점	0.2	0.02	0.005

소수점 앞에 나오는 숫자는 자연수이다.

소수점 뒤에 나오는 숫자는 소수 부분이다.

읽는 방법: 삼십   오   점   이   이   오

소수는 0보다는 크고 1보다는 작은 수를 말해요.

➜ 분수

소수의 자리

소수점 뒤에 나오는 숫자들이 몇 개인지에 따라 소수의 자리가 결정돼요. 소수점 뒤에 숫자를 한 개 쓰면 소수 한 자리 수라고 하고, 두 개 쓰면 소수 두 자리 수, 세 개 쓰면 소수 세 자리 수라고 해요.

3.2	3.24	3.246
소수 한 자리 수	소수 두 자리 수	소수 세 자리 수

소수 맨 뒤에 0을 써도 소수가 나타내는 값은 변하지 않아요. 다시 말해 5.25와 5.250와 5.2500은 모두 값이 같아요. 그래서 맨 뒤에 오는 0은 보통 생략해요.

가테그노 표

가테그노 표를 보면 소수의 자리에 따라 값이 어떻게 변하는지를 알 수 있어요. 표의 세로줄의 위쪽에서 아래쪽으로 내려오면 소수점이 오른쪽으로 한 자리씩 옮겨 가면서 값이 10배씩 커져요. 따라서 0.3은 0.03의 10배, 8은 0.8의 10배가 돼요. 반대로 세로줄의 아래에서 위쪽으로 올라가면 소수점이 왼쪽으로 한 자리씩 옮겨 가면서 값은 $\frac{1}{10}$로 작아지는 것을 알 수 있어요. 즉 0.3의 $\frac{1}{10}$은 0.03, 8의 $\frac{1}{10}$은 0.8이에요.

소수 셋째 자리	0.001	0.002	0.003	0.004	0.005	0.006	0.007	0.008	0.009
소수 둘째 자리	0.01	0.02	0.03	0.04	0.05	0.06	0.07	0.08	0.09
소수 첫째 자리	0.1	0.2	0.3	0.4	0.5	0.6	0.7	0.8	0.9
일의 자리	1	2	3	4	5	6	7	8	9
십의 자리	10	20	30	40	50	60	70	80	90
백의 자리	100	200	300	400	500	600	700	800	900

소수를 분수로 나타내기

소수는 분모가 10, 100, 1000 등의 분수로 바꿀 수 있어요. 분수로 바꾼 뒤에는 약분하여 기약분수로 나타내요.

〈소수 한 자리 수를 분수로 바꾸기〉

$0.6 = \dfrac{6}{10} = \dfrac{3}{5}$ 분모를 10으로 고친 뒤 약분하여 기약분수로 나타낸다.

〈소수 두 자리 수를 분수로 바꾸기〉

$0.65 = \dfrac{65}{100} = \dfrac{13}{20}$ 분모를 100으로 고친 뒤 약분하여 기약분수로 나타낸다.

〈소수 세 자리 수를 분수로 바꾸기〉

$0.875 = \dfrac{875}{1000} = \dfrac{175}{200} = \dfrac{35}{40} = \dfrac{7}{8}$ 분모를 1000으로 고친 뒤 약분하여 기약분수로 나타낸다.

분수를 소수로 나타내기

분모를 10, 100, 1000 등으로 만들어 소수로 바꾸거나 나눗셈을 이용하여 소수로 바꾸면 돼요.

〈진분수를 소수로 바꾸는 방법〉

$\dfrac{2}{5} \times \dfrac{2}{2} = \dfrac{4}{10} = 0.4$

$\dfrac{2}{5} = 5\overline{)2} = 5\overline{)2.0}^{\,0.4}$
$\phantom{\dfrac{2}{5} = 5\overline{)2} = 5\overline{)}}\underline{2\ 0}$
$\phantom{\dfrac{2}{5} = 5\overline{)2} = 5\overline{)2.}}\,0$

〈대분수를 소수로 바꾸는 방법〉

대분수를 소수로 바꾸면 언제나 1보다 큰 수가 나와요. 먼저 진분수를 가분수로 고쳐 소수로 만든 다음 나중에 자연수를 더해요.

$$2\frac{3}{8} = 2 + \frac{3}{8} = 2 + \frac{3 \times 125}{8 \times 125} = 2 + \frac{375}{1000} = 2.375$$

대분수를 가분수로 고친 뒤에 소수로 만들 수도 있어요.

$$2\frac{3}{8} = \frac{16+3}{8} = \frac{19}{8} = 8\overline{)19} = 8\overline{)19}^{\,2.375}$$

$$\begin{array}{r} 16 \\ \hline 30 \\ 24 \\ \hline 60 \\ 56 \\ \hline 40 \end{array}$$

> **계산기 사용법**
>
> 계산기를 사용하면 분수를 소수로 간단하게 고칠 수 있어요. 분자를 분모로 나누기만 하면 되지요. 소수의 덧셈, 뺄셈, 곱셈, 나눗셈을 할 때에도 계산기를 쓸 수 있어요. 숫자를 쓸 때는 ⋅ 단추를 이용하여 소수점을 쓰고, +, −, ×, ÷ 단추와 = 단추를 이용하여 계산해요. 그리고 계산기를 누르기 전에 답을 예상해 보고 계산 결과를 확인해 본다면 계산기 단추를 바르게 눌렀는지 알 수 있을 거예요.

➔ 진분수, 대분수, 약분

소수의 덧셈

소수의 덧셈을 할 때에는 아래와 같이 자리에 맞게 소수를 쓰고 줄을 그어요. 그런 다음 오른쪽부터 차례로 줄을 맞춰서 계산해요.

```
   6 . 4            6 . 4
+ 5 . 3 2        + 5 . 3 2
─────────        ─────────
                  1 1 . 7 2
                        ↑
```

소수점을 맞춰서 쓴다.   여기서부터 계산을 시작한다.

소수의 뺄셈

소수의 뺄셈은 소수점을 맞춰서 소수를 쓴 뒤 각 줄의 위에 있는 수에서 아래에 있는 수를 빼면 돼요.

```
   3 . 8            3 . 8
 - 2 . 4          - 2 . 4
─────────        ─────────
                    1 . 4
                       ↑
```

소수점을 맞춰서 쓴다.   여기서부터 계산을 시작한다.

소수의 곱셈

소수의 곱셈은 아래 그림처럼 소수를 분수로 바꾸어서 계산하면 돼요.

$3.6 \times 0.5 = \dfrac{36}{10} \times \dfrac{5}{10} = \dfrac{36 \times 5}{10 \times 10} = \dfrac{180}{100} = 1.8$

다른 방법으로는 소수점을 무시하고 자연수의 곱셈처럼 한 다음, 소수들의 자릿수를 모두 더한 다음 해당하는 자리에 소수점을 찍어요.

$3.6 \times 0.5 \rightarrow \begin{array}{r} 36 \\ \times\ 5 \\ \hline 180 \end{array} \rightarrow 3.6 \times 0.5 = 1.80$

소수 한 자리 수   소수 한 자리 수   소수 두 자리 수

소수의 나눗셈

소수의 나눗셈을 할 때에는 10, 100, 1000과 같은 10의 거듭제곱을 두 수에 동일하게 곱하여 자연수로 바꾼 다음 계산해요. 그렇게 하면 소수끼리 나누어 주더라도 일반적인 계산을 한 것과 같은 답을 구할 수 있어요.

$2.5 \div 0.5 = (2.5 \times 10) \div (0.5 \times 10) = 25 \div 5 = 5$

소수 한 자리 수에는 10, 소수 두 자리 수에는 100, 소수 세 자리 수에는 1000을 곱하여 계산해요.

➜ 검산(+, −, ×, ÷), 소수점, 숫자, 자릿값, 자연수

비와 비율은 양을 비교하는 방법이에요. 비와 비율은 분수와도 밀접한 관계가 있기 때문에 분수를 잘 이해하고 있다면 비와 비율을 이해하는 데에도 많은 도움이 될 거예요.

비 ratios

어떤 것과 다른 것을 비교하는 것

어항에 주황색 물고기 3마리, 분홍색 물고기 2마리가 들어 있다고 할 때, 주황색 물고기와 분홍색 물고기의 비는 3대 2이고, 3:2라고 쓸 수 있어요. 여기에서 ' : ' 기호는 비교한다는 의미예요.

비는 똑같이 늘어나는 양을 나타낼 때에도 쓸 수 있어요. 예를 들어 과일 주스 1에 물 4를 섞어 과즙 음료를 만든다고 할 때, 과즙음료를 담는 용기의 크기와 관계없이 주스의 4배만큼 물을 섞기만 하면 과즙 음료를 만들 수 있어요.

비를 간단하게 나타내기

비의 두 수를 같은 수로 나누면, 같은 값을 나타내면서 더 작은 수로 간단하게 나타낼 수 있어요. 이때 더 이상 나눌 수 없을 때까지 나누면 가장 간단한 수가 되는 거예요. 분수에서의 약분과 같은 것이죠.

예를 들어 아래 그림에서 노란색 별과 보라색 별 수의 비는 2:6으로, 각각의 수를 2로 나누면 1:3으로 간단하게 나타낼 수 있어요.

비율 proportion

전체와 부분을 비교하는 것

비율은 전체와 부분을 비교하는 것으로 분수와 의미가 같아요.
오른쪽 어항에는 물고기 5마리가 있는데, 그중에서 3마리가 주황색이에요. 따라서 주황색 물고기는 5마리 중 3마리라는 의미로, $\frac{3}{5}$으로 나타낼 수 있어요.

비례배분 sharing an amount in a ratio

전체를 주어진 비로 나누는 것

주어진 양을 특정한 비로 나누기 위해서는 먼저 두 비를 더해서 전체가 몇 묶음으로 나누어지는지 구해야 해요. 그런 다음 주어진 양 전체를 비의 합으로 나누어 한 묶음의 양을 구하고 각 비에 곱해 주면 돼요.
예를 들어 지윤이와 소은이가 구슬 50개를 3:2로 나누어 갖기로 했을 때, 구슬을 몇 개씩 가져야 하는지 구하는 방법은 아래와 같아요.

❶ 3+2=5이므로 전체는 5묶음으로 나누어진다.
❷ 50개를 5묶음으로 나누면 50÷5=10으로 1묶음은 10개이다.
❸ 지윤이는 3묶음을 가져야 하므로 지윤이가 가질 구슬의 수는 3×10=30개이다.
❹ 소은이는 2묶음을 가져야 하므로 소은이가 가질 구슬의 수는 2×10=20개이다.

〈연비로 나누는 방법 1〉

18개의 구슬을 A:B:C=3:2:1의 비율로 나누는 방법은?

A는 $\frac{3}{6}$을, B는 $\frac{2}{6}$를, C는 $\frac{1}{6}$을 가지면 되므로,

A는 $18 \times \frac{3}{6} = 9$(개)를 가지고, 마찬가지 방법으로 B는 6개, C는 3개를 가지면 돼요.

〈연비로 나누는 방법 2〉

A:B=3:2, B:C=4:7일 때, A:C의 비는 얼마일까?

❶ 먼저 A:B=3:2를 쓴 다음, 아래에 줄을 맞추어
　　　B:C=4:7을 쓴다.
❷ 이렇게 쓰고 나서 보면 B가 공통으로 보인다.
❸ A:B에서는 B가 2, B:C에서는 B가 4이므로 B를 같게 만든다.
❹ A:B=3:2=6:4와 같다. 그리고 B:C=4:7이므로,
❺ 연비로 쓰면 A:B:C=6:4:7이다.
❻ 그러므로 A:C=6:7이다.

➜ 소수, 분수, 곱셈, 비, 자연수

백분율(퍼센트)은 기준량을 100으로 하는 분수를 말해요. 퍼센트(percent)는 영어로 '100분의'란 뜻을 갖고 있고, 기호로는 %라고 써요. 예를 들어 20퍼센트(%)는 100개 중에서 20개를 말하고, 분수로는 $\frac{20}{100}$이라고 써요.

백분율(%) percentages

기준량을 100으로 할 때의 비율

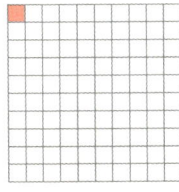

◀ 정사각형 100개 중 분홍색 정사각형은 1%라고 할 수 있다.

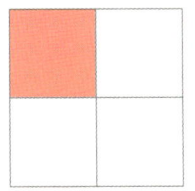 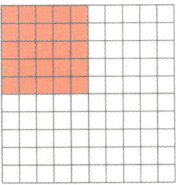

◀ 도형의 $\frac{1}{4}$이 분홍색이므로, 전체의 25%가 분홍색이다.

 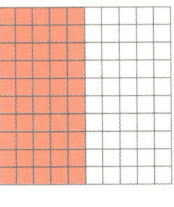

◀ 도형의 $\frac{1}{2}$이 분홍색이므로, 전체의 50%가 분홍색이다.

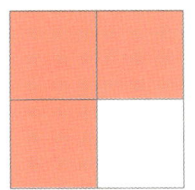 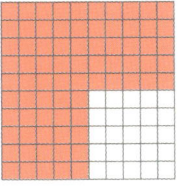

◀ 도형의 $\frac{3}{4}$이 분홍색이므로, 전체의 75%가 분홍색이다.

도형의 백분율

도형의 백분율을 알아보려면 먼저 전체를 몇 조각으로 나누었는지 알아야 해요. 이때 한 조각의 백분율이 얼마인지 알아보려면 100을 조각의 수로 나누면 돼요. 또한 어떤 부분의 백분율을 알고 싶다면 계산하여 나온 결과에 조각의 수를 곱하면 돼요.

아래 도형은 똑같이 10조각으로 나누어져 있어요. 따라서 각 부분은 전체의 10%예요.

주황색은 세 조각이므로 30%이고, 연두색은 일곱 조각이므로 70%예요.

100 ÷ 10 = 10(%)
10(%) × 3 = 30(%) ⇒ 주황색
10(%) × 7 = 70(%) ⇒ 연두색

아래 도형은 4조각으로 똑같이 나누어져 있으므로, 각 부분은 전체의 25%예요. 주황색은 한 조각이므로 25%이고, 연두색은 세 조각이므로 75%예요.

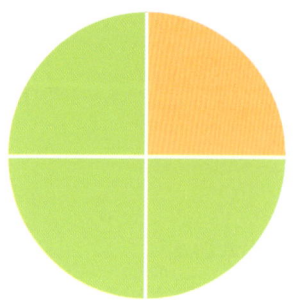

10% 방법

어떤 양에 대해서도 백분율을 알아볼 수 있어요. '10% 방법'은 10%의 몇 배인 것들의 백분율을 찾아내는 방법이에요. 먼저 구하려는 것을 10으로 나누면 구하려는 대상의 10%가 얼마나 되는지 알 수 있어요. 그런 다음 구하려는 것이 10%의 몇 배인지를 구하여 곱하면 돼요.

〈페인트 40통의 20%가 빨간색일 때의 계산 방법〉

❶ 먼저, 40의 10%를 알아본다. 40÷10=4 → 10%=4
❷ 구하려는 것이 10%의 몇 개에 해당하는지 알아본다. 20%=10%×2
❸ 40의 20%는 40의 10%×2=4×2=8이다.
  따라서 8통이 빨간색 페인트이다.

분수로 바꾸어 백분율 계산하기

분모를 100으로 하고, 백분율을 분자로 하면 백분율을 분수로 바꿀 수 있어요. 그런 다음 전체 수에 분수로 바꾼 백분율을 곱한 뒤, 기약분수로 고치면 돼요.

〈페인트 40통의 30%가 노란색일 때의 계산 방법〉

$$40 \times \frac{30}{100} = \frac{40 \times 30}{100} = \frac{1200}{100} = 12$$

따라서 페인트 40통의 30%에 해당하는 노란색 페인트는 12통이에요.

소수를 이용하여 백분율 계산하기

백분율은 비율을 100으로 곱한 것이므로 백분율에서 퍼센트(%) 기호를 없애고 100으로 나누면 백분율을 소수로 바꿀 수 있어요. 그런 다음 소수로 고친 백분율을 대상의 전체 개수에 곱하면 원하는 답을 구할 수 있어요.

〈페인트 40통의 20%가 초록색일 때의 계산 방법〉

❶ 백분율에서 % 기호를 없애고 100으로 나눈다.
   $20\% = 20 \div 100 = 0.2$

❷ ❶에 구하려는 대상의 전체 개수를 곱한다. $0.2 \times 40 = 8$

❸ 따라서 초록색 페인트는 8통이다.

페인트 40통 중 8통이 초록색 페인트일 때, 초록색 페인트의 양은 20%로 나타낼 수 있어요.

➡ 백분율을 소수로 고치기

소수를 백분율로 고치기

소수에 100을 곱하여 나온 값에 퍼센트(%) 기호를 붙이면 소수를 백분율로 고친 것이 돼요.

〈0.68을 백분율로 바꾸는 방법〉

$0.68 \times 100 = 68\%$
  ↑   ↑   ↑
 소수   100곱하기   % 붙이기

백분율을 소수로 고치기

백분율에서 퍼센트(%) 기호를 떼고 100으로 나누어 주면 백분율을 소수로 고친 게 돼요.

〈15%를 소수로 바꾸는 방법〉

$15 \div 100 = 0.15$

분수를 백분율로 고치기

분수에 100을 곱한 뒤 퍼센트 기호를 붙이고 끝까지 약분하면 분수를 백분율로 고친 게 돼요.

〈$\frac{3}{4}$을 퍼센트로 바꾸는 방법〉

$$\frac{3}{4} \times 100 = \frac{3 \times 100}{4 \times 1} = \frac{300}{4}$$
$$= 75\%$$

백분율을 분수로 고치기

백분율을 분수로 고치는 방법은 분모의 자리에는 100, 분자의 자리에는 퍼센트 기호를 뗀 수를 쓰면 돼요.

〈45%를 분수로 바꾸는 방법〉

$\frac{45}{100} = \frac{9}{20}$ 분모에 100, 분자에 45라고 쓴 다음, 약분하여 기약분수로 나타낸다.

크기가 같은 분수, 소수, 백분율

백분율, 분수, 소수는 크기가 같은 수를 다르게 나타내는 방법이에요. 아래에서 크기가 같은 백분율, 분수, 소수 등을 어떻게 구하는지 이해하고 잘 기억해 두세요.

분수 → 분자 ÷ 분모 → 소수
소수 → 소수 × 100 → 백분율

분수		소수		백분율
$\frac{3}{4}$	=	0.75	=	75%
$\frac{1}{2}$	=	0.5	=	50%
$\frac{1}{4}$	=	0.25	=	25%
$\frac{1}{5}$	=	0.2	=	20%
$\frac{1}{10}$	=	0.1	=	10%
$\frac{1}{20}$	=	0.05	=	5%
$\frac{1}{100}$	=	0.01	=	1%

계산기 사용법

분수와 소수를 같은 양의 백분율로 고칠 때 계산기를 사용할 수 있어요.

40의 5%를 구하는 방법

| 4 | 0 | × | 5 | ÷ | 1 | 0 | 0 | = |

소수로 고치는 방법을 이용해서 똑같이 계산하는 방법

| 4 | 0 | × | 0 | . | 0 | 5 | = |

➡ 소수, 나눗셈, 분수, 곱셈, 약분, 자연수

할인 가격과 할인 sale prices and discounts

할인 행사를 할 때 가게에서는 물건을 싸게 팔아요. 이때 할인 가격과 할인율은 '10% 할인'처럼 종종 백분율로 나타내지요.
할인했을 때의 가격이 얼마인지 알아보려면 처음 가격에서 할인한 만큼을 빼 주면 돼요.

〈20% 할인을 할 때 가격 계산 방법〉

❶ 상품 가격이 5500원인 경우의 할인 가격

$$5500 \times \frac{20}{100} = 55 \times 20 = 1100 \leftarrow 할인 금액$$

❷ 할인 전 가격 − 할인 금액 = 할인 후 가격

$$5500 - 1100 = 4400$$

❸ 따라서 20% 할인된 뒤의 가격은 4400원이다.

계산기 사용법

① 상품 가격 × 할인율 ÷ 100(백분율)

| 5 | 5 | 0 | 0 | × | 2 | 0 | ÷ | 1 | 0 | 0 | = |

② 상품 가격 − 할인된 가격(①)

| 5 | 5 | 0 | 0 | − | 1 | 1 | 0 | 0 | = |

백분율로 비교하기

하나의 양이 다른 것의 얼만큼을 차지하는지를 백분율로 나타낼 때에는 분수로 고친 양에 100을 곱하면 돼요.

예를 들어 학생 60명 중에서 42명이 오렌지 주스보다 사과 주스를 더 좋아한다고 할 때 사과 주스를 좋아하는 학생들의 수를 백분율로 나타내면 아래와 같아요.

$\frac{42}{60} \times 100\%$

$\frac{7}{10} \times 100\% = \frac{700}{10}\% = 70\%$

분모와 분자를 6으로 약분한다.

따라서 학생들의 70%가 오렌지 주스보다 사과 주스를 더 좋아한다는 것을 알 수 있어요.

계산기 사용법

계산기에서는 약분하는 과정은 건너뛰어도 돼요.

$\boxed{4}\;\boxed{2}\;\boxed{\div}\;\boxed{6}\;\boxed{0}\;\boxed{\times}\;\boxed{1}\;\boxed{0}\;\boxed{0}\;\boxed{=}$

이렇게 비율을 백분율로 나타내면 더 쉽게 비교할 수 있어요. 예를 들어, $\frac{3}{5}$과 $\frac{5}{8}$를 비교하기는 힘들지만 60%와 62.5%를 비교하기는 쉬우니까요.

➜ 분수, 곱셈

수의 비교

수나 양 중에서 어느 것이 더 큰지 작은지, 또는 둘이 같은지 비교하는 것은 무척 쓸모 있는 일이에요. 그 이유는 가게에서 물건 값을 비교할 때나 경기에서 점수를 볼 때 등 여러 상황에서 쓸 수 있기 때문이지요.

유효 숫자 significant figures

근삿값을 구할 때 반올림하지 않은 부분의 숫자 또는 측정하여 믿을 수 있는 숫자

십의 자리에서 반올림하여 3500이 되었다면 반올림한 바로 윗자리인 5까지이므로 유효 숫자는 3, 5예요. 또 측정값에서는 측정 도구의 최소 눈금 단위 자리까지의 숫자가 유효 숫자예요. 최소 눈금 단위가 10g인 저울로 측정하여 3510g이 나왔다면 최소 눈금 단위인 십의 자리 숫자 1까지가 유효 숫자이므로 유효 숫자는 3, 5, 1이에요.

〈유효숫자 판별법〉

❶ 0이 아닌 숫자는 모두 유효 숫자이다. → 1234의 유효 숫자는 1, 2, 3, 4이고, 3500의 유효 숫자는 3, 5이다.

❷ 유효 숫자 사이에 있는 0은 모두 유효 숫자이다. → 3005에서 유효 숫자는 3, 0, 0, 5이다.

❸ 소수에서 자리를 나타내는 0은 유효 숫자가 아니며, 소수점 아래 맨 끝에서부터 계속되는 0은 유효 숫자이다. → 0.070에서 앞에 있는 2개의 0은 자리를 나타내는 0으로서 유효 숫자가 아니고, 맨끝에 있는 0은 유효 숫자이다.

❹ 근삿값을 구할 때 0이 반올림한 바로 윗자리에 있다면 유효 숫자이다. → 십의 자리에서 반올림하여 3000이 되었다면 반올림한 바로 윗자리에 있는

백의 자리 0은 유효 숫자이다. 물론 십의 자리와 일의 자리에 있는 0은 유효 숫자가 아니다. 그러나 반올림한 근삿값 5000에서 어느 자리에서 반올림한 것인지가 주어지지 않았다면 유효 숫자를 알 수 없다.

자연수 비교하기

어떤 수가 크고 작은지를 알려면 유효 숫자의 자릿값을 살펴보면 돼요. 자연수의 크기를 비교하는 가장 쉬운 방법은 어떤 수 아래에 자리를 맞춰서 다른 수를 써 보는 거예요. 어떤 컴퓨터 게임에서 1등부터 5등까지의 점수 목록이 73, 115, 1560, 69, 677이라고 했을 때, 아래 표와 같은 방법으로 자리를 맞춰서 크기를 비교할 수 있어요.

천	백	십	일
		7	3
	1	1	5
1	5	6	0
		6	9
	6	7	7

이렇게 자리를 맞춰 놓고 왼쪽에서부터 차례로 천의 자리, 백의 자리, 십의 자리, 일의 자리 숫자를 비교하면, 천의 자리까지 있는 숫자 1560이 가장 높은 점수라는 것을 알 수 있어요.
69와 73은 똑같이 두 자릿수이지만, 십의 자리 숫자에서 6이 7보다 작으므로 69가 73보다 작은 수라는 걸 알 수 있어요. 따라서 위 점수 목록에서는 69가 가장 작은 수예요.

➡ 자릿값

소수 비교하기

소수의 크기를 비교할 때에는 먼저 소수점을 맞추어 차례로 쓰고, 소수의 자릿수가 맞지 않을 때에는 소수점 아래 끝자리에 0을 써서 같은 자리로 맞추어 놓으면 크기를 더 쉽게 비교할 수 있어요. 그런 다음 왼쪽에서부터 차례로 유효 숫자의 자릿값을 비교해요.

그럼 아래 그림의 소포 중에서 가장 가벼운 소포를 찾아볼까요?

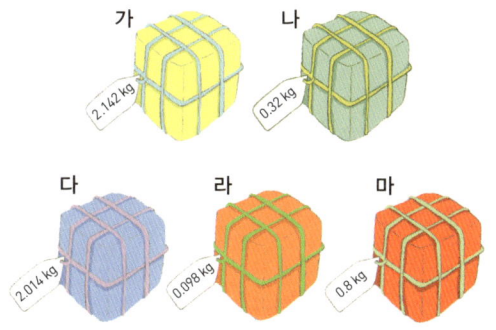

	1		0.1	0.01	0.001
가	2	.	1	4	2
나	0	.	3	2	0
다	2	.	0	1	4
라	0	.	0	9	8
마	0	.	8	0	0

소수점 아래 빈자리에 0을 채워 넣었다.

이제 숫자들의 소수점의 위치를 확인하고 왼쪽에서 오른쪽으로 읽으면 무게를 비교할 수 있어요. 위의 소포 중 '라' 소포가 가장 가벼운데, 그 이유는 9, 8 같은 큰 숫자가 자릿값이 작은 자리에 있고, 1의 자리, 0.1의 자리에는 0만 있기 때문이에요.

여러 가지 수 비교하기

소수, 분수, 백분율이 섞여 있는 수를 비교하려면 같은 기준으로 통일해야 해요. 분수와 백분율을 소수로 바꾼 뒤 소수를 비교할 때처럼 크기를 비교하면 가장 편리해요.

작은 수부터 차례로 늘어놓기

여러 가지 수를 작은 수부터 차례로 늘어놓을 수 있어요.

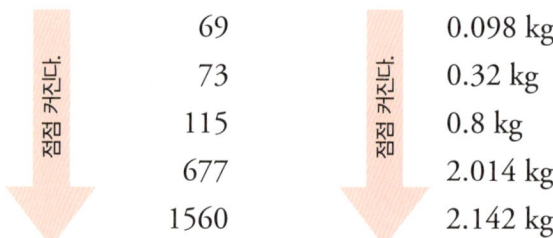

큰 수부터 차례로 늘어놓기

다음은 큰 수부터 차례로 늘어놓은 거예요.

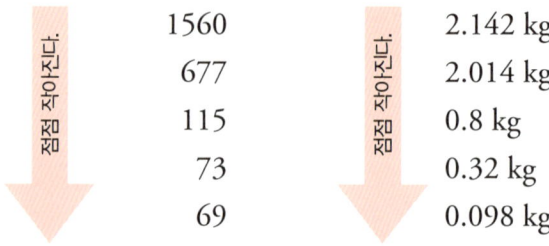

➜ 소수, 숫자, 자릿값, 무게

반올림은 정확한 수를 알 필요가 없을 때, 기억하기 쉽고 쓰기 쉽게 가까운 값으로 고치는 것을 말해요. 예를 들어 식물의 키가 몇 센티미터인지, 어느 도시의 인구가 몇 십만이라고 말할 때 반올림하여 나타낼 수 있어요.

반올림 rounding

반올림을 하기 전에 어느 자리에서 반올림할지 결정해야 해요.

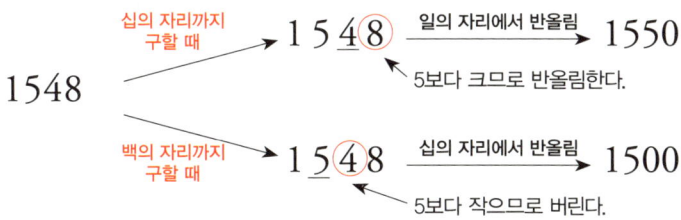

반올림을 할 때에는 아래와 같은 기본적인 규칙이 있어요.

〈반올림 규칙〉
❶ 구하려는 자리의 한 자리 아래 숫자가 5이거나 5보다 크면 반올림한다.
❷ 구하려는 자리의 한 자리 아래 숫자가 5보다 작으면 버린다.

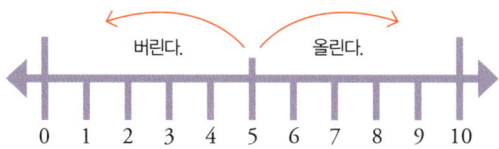

반올림하여 십의 자리까지 나타내기

반올림하여 몇 십으로 나타내려면 일의 자리 숫자를 살펴보고 반올림 규칙을 따르면 돼요.

예를 들어 34는 일의 자리 수 4가 5 미만이기 때문에 0으로 버려서 30이 됩니다 (만약 35라면 일의 자리 수인 5가 5 이상이므로 40이 됩니다).

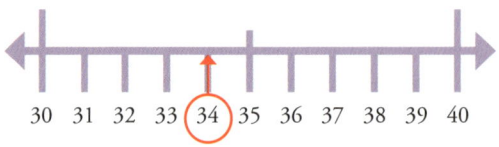

반올림하여 백의 자리까지 나타내기

반올림하여 몇 백으로 나타내려면 십의 자리 숫자를 보고 반올림 규칙대로 나타내면 돼요.

예를 들어 162를 백의 자리까지 반올림한다면 십의 자리 수를 살펴봐요. 6은 5이상이므로 올려서 200으로 나타내요.

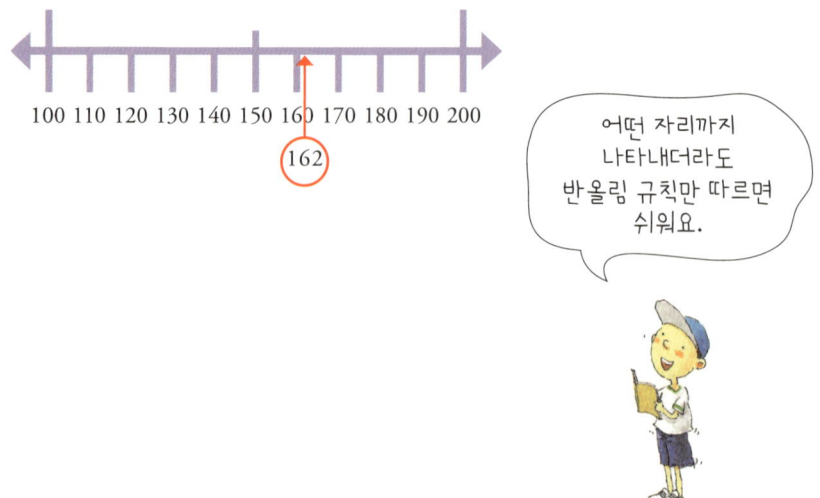

어떤 자리까지 나타내더라도 반올림 규칙만 따르면 쉬워요.

반올림하여 천의 자리까지 나타내기

반올림하여 몇 천으로 나타내려면 백의 자리 숫자를 보고 결정해야 해요. 예를 들어 3211을 반올림하여 천의 자리까지 나타낸다면 200이 500 미만이기 때문에 0으로 버리므로 3000으로 나타내야 해요.

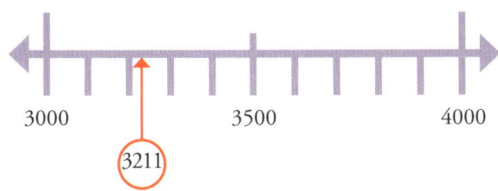

비교 기호 comparison signs

두 수 또는 두 식 사이의 크기 관계를 나타내는 기호

< '~ 보다 작다'는 뜻이에요 (4<10이면 4는 10보다 작다).

> '~ 보다 크다'는 뜻이에요 (15>10이면 15는 10보다 크다).

= '~ 와 같다'는 뜻이에요 (2+3=5는 2에 3을 더하면 5이다).

연산

어림하고 계산하기

계산을 할 때 정확한 답을 얻으려면 계산을 하기 전에 먼저 답을 어림해 보는 방법을 사용하는 것이 좋아요. 미리 답을 어림해 보면 계산하여 나온 답이 알맞은 답인지 알 수 있어요.

수량 어림하기

하나하나 세지 않고도 양을 어림하는 방법으로 대강 몇 개씩 묶어 보고 몇 묶음인지 세어 본 뒤 그 수를 한 묶음에 들어 있는 개수에 곱해 주어 구하는 방법이 있어요.

예를 들어 수량을 어림하는 방법을 사용하여 아래 화분의 꽃이 몇 송인지 알아보려면, 먼저 화분 한 개에 있는 꽃이 몇 송이인지 세어 보고, 거기에 화분의 개수를 곱하면 돼요.

화분 전체에 피어 있는 꽃은 약 60송이예요.

근사값 기호

≒ 는 (13÷3≒4와 같이) '거의 같다'는 뜻으로 쓰여요.

분수의 크기 어림하기

분수의 크기를 어림할 때에는 머릿속으로 그림을 그려서 어림할 수 있어요.

케이크는 $\frac{1}{4}$ 정도를 먹었기 때문에 약 $\frac{3}{4}$이 남아 있다.

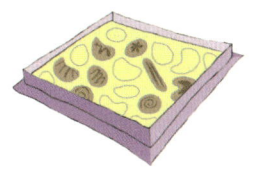

초콜릿 상자에 빈 부분과 채워진 부분이 비슷하다. 거의 $\frac{1}{2}$ 정도가 남아 있다.

반올림하여 어림하기

주어진 수를 반올림하여 구하면 답을 어림하기가 더 쉬워요. 또한 실제 계산을 끝낸 뒤 구한 답이 알맞은지 확인해 볼 수 있어요.

계산 방법

수학 문제의 답을 구하는 방법에는 머리로 계산하는 방법(머리셈), 숫자를 쓰면서 계산하는 방법(필산), 빠른 속도로 계산하기 위해서 계산기나 컴퓨터를 쓰는 방법의 세 가지가 있어요.

➔ 나눗셈, 곱셈, 비율, 반올림, 계산기 사용법

덧셈과 뺄셈

덧셈은 둘이나 그 이상의 수 또는 증가하는 양의 합계를 구하는 것이고, 뺄셈은 어떤 것에서 다른 것을 없애는 것, 또는 감소하는 양을 구하는 것을 말해요. 즉 덧셈과 뺄셈은 서로 반대되는 개념이에요.

'+' 기호는 더하라는 뜻이고,
'−' 기호는 빼라는 뜻이에요.
수직선에서 생각해보면 + 기호는 오른쪽으로,
− 기호는 왼쪽으로 이동하라는 기호예요.

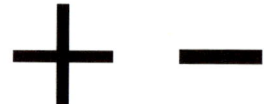

덧셈 addition

두 가지 이상의 수나 물건을 더하여 하나의 수를 만드는 것

덧셈은 두 가지 이상의 수나 물건을 더하여 하나의 수를 만드는 계산 방법이에요.

덧셈을 하면 두 양을 합하여 얼마가 되는지 알 수 있어요.

5 + 8 = 13

덧셈을 하면 어떤 것이 증가하여 얼마가 되는지도 알 수 있어요.

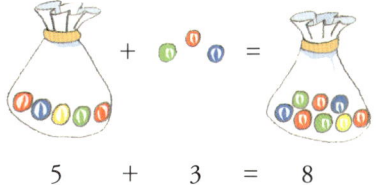

5 + 3 = 8

수직선을 그려서도 덧셈을 할 수 있어요.

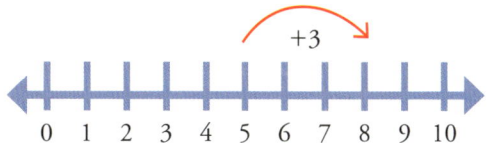

덧셈은 순서를 바꾸거나 묶음을 달리해도 계산 결과가 같아요.

3 + 5 = 5 + 3   (1+2)+4 = 1+(2+4)

뺄셈 subtraction

두 수 중 앞의 수에서 뒤의 수를 뺀 결과를 구하는 것

뺄셈은 어떤 것에서 다른 것을 없앨 때 사용해요. 예를 들어 주머니에 들어 있는 구슬 8개 중 구슬 3개가 떨어졌다면 주머니에 남아 있는 구슬은 몇 개인지 알아볼 때 사용할 수 있어요.

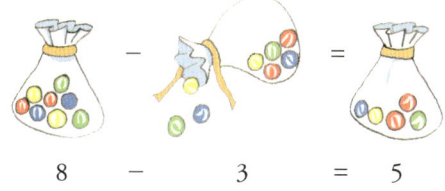

8 − 3 = 5

뺄셈은 한 묶음을 두 묶음으로 구분하는 데 쓰이기도 해요. 예를 들어 구슬 15개를 한 주머니에 6개, 다른 주머니에 9개를 넣는 경우처럼 두 개로 구분할 때 뺄셈을 할 수 있어요.

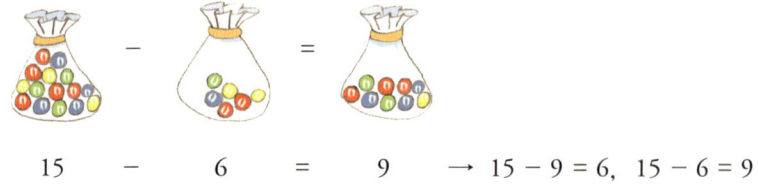

15   −   6   =   9   → 15 − 9 = 6, 15 − 6 = 9

뺄셈은 거꾸로 세는 것과 같이 감소하는 양을 계산하는 데에도 쓰여요. 예를 들어 구슬 한 주머니의 가격이 180원이었는데 가격이 30원 내렸다고 할 때, 180에서 30만큼 거꾸로 세면 구슬 가격이 얼마인지 알 수 있어요.

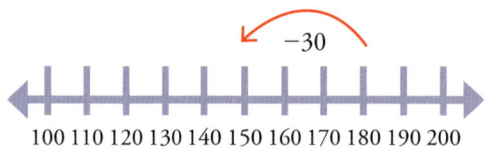

180 − 30 = 150

뺄셈은 두 개의 양을 비교하는 데에도 쓰여요. 예를 들어 구슬이 12개 들어 있는 주머니와 16개 들어 있는 주머니가 있을 때 뺄셈을 사용하여 두 주머니에 들어 있는 구슬의 양을 비교할 수 있어요.

다음에서 두 개의 주머니에 들어 있는 구슬 수를 비교하면,

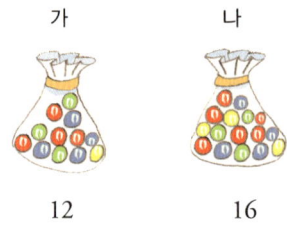

나 주머니에 든 구슬의 수는 가 주머니에 든 구슬의 수보다 몇 개 더 많은가요? 가 주머니에 든 구슬의 수는 나 주머니에 든 구슬의 수보다 몇 개 더 적은가요? 위의 두 가지 문제에 대한 답은 16 − 12 = 4의 식을 세워 구할 수 있어요. 이렇게 뺄셈은 생활 속에서 서로 다른 것을 비교하기 위해서 많이 쓰이고 있어요.

덧셈과 뺄셈의 계산

연산

아래와 같은 숫자 사이의 관계를 알면 수직선을 그어서 계산하는 것보다 더 빠르고 쉽게 계산할 수 있어요.

〈더해서 10이 되는 수〉

0	10
1	9
2	8
3	7
4	6
5	5
6	4
7	3
8	2
9	1
10	0

왼쪽 표에서 각각의 줄에 있는 두 수를 더하면 10이 돼요. 이렇게 10이 되도록 보충해 주는 수를 '보수'라고 하는데, 1에 대한 10의 보수는 9이며, 6에 대한 10의 보수는 4입니다.

0 + 10 =10   1 + 9 =10   …   10 + 0 =10

뺄셈은 덧셈을 거꾸로 하면 돼요. 더해서 10이 되는 수를 짝지을 수 있다면 다음과 같이 뺄셈을 할 수 있어요.

10 − 0 =10   10 − 1 =9
10 − 10 =0,   10 − 9 =1

더해서 10이 되는 두 수 중에서 하나의 수를 10에서 빼면 다른 한 개의 수가 답이 돼요.

〈더해서 짝이 되는 수(20까지)〉

+	0	1	2	3	4	5	6	7	8	9	10
0	0	1	2	3	4	5	6	7	8	9	10
1	1	2	3	4	5	6	7	8	9	10	11
2	2	3	4	5	6	7	8	9	10	11	12
3	3	4	5	6	7	8	9	10	11	12	13
4	4	5	6	7	8	9	10	11	12	13	14
5	5	6	7	8	9	10	11	12	13	14	15
6	6	7	8	9	10	11	12	13	14	15	16
7	7	8	9	10	11	12	13	14	15	16	17
8	8	9	10	11	12	13	14	15	16	17	18
9	9	10	11	12	13	14	15	16	17	18	19
10	10	11	12	13	14	15	16	17	18	19	20

왼쪽 표에 나오는 수의 짝을 알고 있다면 뺄셈의 답도 쉽게 알 수 있어요. 예를 들어 3+4=7이므로, 7 − 4=3이라는 것을 쉽게 알 수 있어요.

⟨더해서 100이 되는 수⟩

0	100
10	90
20	80
30	70
40	60
50	50
60	40
70	30
80	20
90	10
100	0

왼쪽 표는 더하여 100이 되는 10단위 수를 짝지어 놓은 거예요. 10에 대한 100의 보수는 90이며, 90에 대한 100의 보수는 10입니다.

$0+100=100$ $10+90=100$ … $100+0=10$

뺄셈은 덧셈을 거꾸로 하는 것이므로, 더해서 100이 되는 수의 짝을 알고 있다면 다음과 같은 뺄셈의 답도 쉽게 알 수 있어요.

$100-0=100$ $100-10=90$
$100-100=0$ $100-90=10$

덧셈의 규칙

덧셈에서는 다음의 두 가지 규칙을 활용할 수 있어요.

① 교환법칙

덧셈에서 순서는 중요하지 않아요. $a+b=b+a$와 같이 a와 b의 순서를 바꾸어 더하여도 답은 언제나 같게 나와요. $5+3=3+5=8$

② 결합법칙

수식에서 ( )는 ( ) 부분을 먼저 계산하라는 뜻이에요. 하지만 덧셈만 있는 계산식에서는 $(a+b)+c=a+(b+c)$와 같이 ( )와 관계없이 계산한 결과가 같아요. $(2+6)+3=2+(6+3)$

머리셈으로 덧셈하기

머리셈을 할 때에는 주어진 숫자들을 보고 그에 알맞은 방법을 사용하여 계산하면 돼요. 그리고 머리셈을 하더라도 계산하려는 수를 종이에 적어 둘 필요가 있어요.

갈라서 더하기

계산할 때 어떤 수를 더 작은 몇 개의 수로 갈라서 더하는 것이 쉬울 때가 있어요. 이것을 '가르기'라고 해요.

72+16=72+10+6=82+6=88

147+64=140+7+60+4=140+60+7+4=200+11=211

자릿값을 이용하여 더하기

200과 500은 2와 5보다 각각 100배 더 큰 수예요. 따라서 2+5=7을 이용해서 200+500을 쉽게 계산할 수 있어요.

2+5=7 → 200+500=700 → 2000+5000=7000

소수일 때도 자릿값을 이용하여 계산할 수 있어요.

0.2 + 0.5 = 0.7 → 0.02 + 0.05 = 0.07 → 0.002 + 0.005 = 0.007

➡ 자연수, 자릿값

반올림하거나 바꾸어 더하기

덧셈을 빨리 하려면 10에 가까운 수로 바꾸어서 더한 뒤, 10을 만들기 위해 더하거나 뺀 수만큼 더하거나 빼면 돼요. 이것을 '바꾸기'라고 해요.
예를 들어 반올림을 했다면 답이 커질 수 있는데, 이때에는 올려 준 수만큼 빼 주면 돼요.

❶ 36+48   48을 반올림하면 2가 커진 50이 된다.
❷ 36+50=86   48 대신 50을 더한다.
❸ 86-2=84   반올림하여 커진 2만큼 뺀다.
∴ 36+48=84

반대로 반올림한 값이 더 작은 수가 되었다면 답도 더 작아졌을 것이므로, 작아진 수만큼 더해 주어야 해요.

❶ 38+61   61을 반올림하면 1을 뺀 60이 된다.
❷ 38+60=98   61 대신 60을 더한다.
❸ 98+1=99   반올림하여 작아진 1만큼 더한다.
∴ 38+61=99

바꾸기의 규칙

끝자릿수	반올림	바꾸기
1, 2, 3, 4	내림	+1, 2, 3, 4
5, 6, 7, 8, 9	올림	- 5, 6, 7, 8, 9

➡ 덧셈, 반올림, 뺄셈

두 배라고 예상하여 더하기

연산

두 수의 크기가 비슷하다면 두 수 중에서 작은 수를 두 배한 다음 두 수의 차이만큼 더하거나 더 큰 수를 두 배한 다음 두 수의 차이만큼 빼면 돼요.

$$123 + 126$$

방법①

$123 \times 2 = 246$ 123의 두 배를 한다.

$246 + 3 = 249$ 두 수의 차이만큼 더한다.

방법②

$126 \times 2 = 252$ 126의 두 배를 한다.

$252 - 3 = 249$ 두 수의 차이만큼 뺀다.

짝지어서 더하기

수를 여러 개 더할 때 더하여 10이 되거나 100이 되는 수들을 짝지어서 더할 수 있어요.

$\underline{34} + 67 + \underline{26} + 21$
$= \underline{34 + 26} + 67 + 21$
$= \underline{60} + 67 + 21$
$= 148$

➔ 덧셈, 덧셈과 뺄셈의 계산, 반올림

수직선에서 더하기

머릿속에 수직선을 떠올린 뒤 큰 수에서 출발하여 수직선을 따라 나머지 수의 자릿값이 나타내는 수만큼 움직이면 답을 구할 수 있어요.

❶ 더해야 하는 수를 십의 자리와 일의 자리로 구분하여 먼저 몇 십 만큼 뛰어서 세고, 다음에 일의 자리 숫자만큼 뛰어서 센다.

54+35(=30+5)

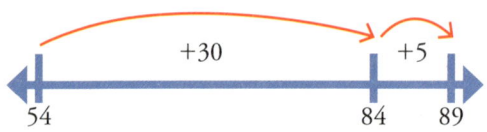

❷ 십의 자리와 일의 자리로 구분해서 먼저 몇 십을 더하고, 다시 일의 자리 숫자를 갈라서 몇 십이 되도록 더한 뒤에 다시 남은 몇을 더한다.

28+27(=20+2+5)

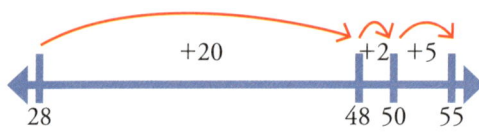

❸ 먼저 일의 자리 숫자를 갈라서 몇 십이 되도록 더한 뒤, 나머지를 더하고 다시 남은 몇 십을 더한다.

47+38 (=3+5+30)

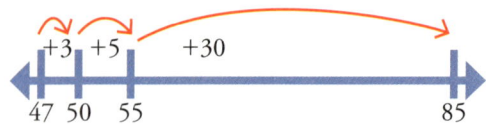

백, 십, 일을 더하기

각 자리에 있는 수끼리 차례로 더해요. 이때 높은 자리부터 더한 뒤에 나온 값들을 모두 더해요.

54 + 22

50 + 20 = 70   십의 자리끼리 더한다.
4 + 2 = 6   일의 자리끼리 더한다.
70 + 6 = 76   모두 더한다.

123 + 168

100 + 100 = 200   백의 자리끼리 더한다.
20 + 60 = 80   십의 자리끼리 더한다.
3 + 8 = 11   일의 자리끼리 더한다.
200 + 80 + 11 = 291   합계를 구한다.

같은 자리끼리 더했을 때 그 자릿값을 벗어나는 수도 계산할 수 있는데, 이때에는 머릿속으로 잘 기억해 두어야 해요.

153 + 168

100 + 100 = 200   백의 자리끼리 더한다.
50 + 60 = 110   십의 자리끼리 더한다.
3 + 8 = 11   일의 자리끼리 더한다.
200 + 110 + 11 = 321   합계를 구한다.

숫자표를 이용하여 더하기

두 수를 더할 때 아래와 같은 숫자표를 이용하면 답을 쉽게 구할 수 있어요. 먼저 숫자표에서 더하려는 수 하나를 찾고 그 자리에서 십의 자리 숫자만큼 아래 칸으로 이동하고, 다시 일의 자리 숫자만큼 오른쪽으로 이동하면 원하는 답을 구할 수 있어요.

예를 들어 45+34를 할 때 숫자표에서 먼저 45를 찾고 45에서 아래로 3칸(30을 더한다는 뜻), 오른쪽으로 4칸(4를 더한다는 뜻)을 이동하면 답 79가 나와요.

1	2	3	4	5	6	7	8	9	10
11	12	13	14	15	16	17	18	19	20
21	22	23	24	25	26	27	28	29	30
31	32	33	34	35	36	37	38	39	40
41	42	43	44	45	46	47	48	49	50
51	52	53	54	55	56	57	58	59	60
61	62	63	64	65	66	67	68	69	70
71	72	73	74	75	76	77	78	79	80
81	82	83	84	85	86	87	88	89	90
91	92	93	94	95	96	97	98	99	100

숫자표에는 1부터 100까지의 숫자가 나와 있어요.

반대로 뺄셈을 할 때에는 빼려는 수의 십의 자리 숫자만큼 위로 올라가고, 일의 자리 숫자만큼 왼쪽으로 이동하면 구하는 답을 찾을 수 있어요.

예를 들어 59-42를 할 때 숫자표에서 먼저 59를 찾아서 위로 4칸(40을 뺀다는 뜻), 왼쪽으로 2칸(2를 뺀다는 뜻)을 이동하면 답 17이 나와요.

➡ 숫자표, 자릿값

필산으로 더하기

숫자를 쓰면서 계산하는 것

필산을 하는 가장 일반적인 방법은 자리를 맞추어 더하는 거예요. 이렇게 하면 수의 크기와 관계없이 소수도 계산할 수 있어요.

필산을 할 때에는 아래와 같이 선을 긋고 자릿값이 낮은 수(오른쪽에 있는 수)부터 계산한 뒤, 각 자리에 놓인 숫자끼리 더하고 답을 선 아래에 쓰면 돼요.

```
   6 5            6 5            6 5
 + 3 2    →     + 3 2    →     + 3 2
 ─────          ─────          ─────
                   7             9 7
```

65와 32를 위아래에 하나씩 자리를 맞춰 수를 쓰고 선을 긋는다.

일의 자리 숫자끼리 더하여 나온 숫자를 자리에 맞춰 쓴다.

십의 자리 숫자끼리 더하여 나온 숫자를 자리에 맞춰 쓴다.

각 자리의 같은 자리 수의 숫자끼리 더해서 10이 넘을 때에는 바로 앞의 자리로 올려줘요. 이것을 받아올림이라고 해요. 받아올림을 한 뒤에 더한 값을 모두 쓰면 돼요.

〈1단계〉

```
   4 5
 + 6 7
 ─────
```

〈2단계〉

```
   1
   4 5
 + 6 7
 ─────
     2
```

45와 67의 자리를 맞춰 위아래에 수를 하나씩 쓴다.

자릿값이 가장 낮은 일의 자리 숫자끼리 더한다.
5+7=12이므로 2를 일의 자리에 쓰고, 1은 십의 자리 위쪽에 받아올림하여 쓴다.

〈3단계〉

```
  1 1
    4 5
+   6 7
─────────
    1 2
```

4+6+1=11이므로 십의 자리에 1을 쓰고, 백의 자리에 맞춰서 가장 위쪽에 1을 받아올림하여 쓴다.

〈4단계〉

```
  1 1
    4 5
+   6 7
─────────
  1 1 2
```

백의 자리는 더할 숫자가 없으므로, 십의 자리끼리 더할 때 받아올림했던 1을 선 아래에 쓴다.

위와 같이 자리를 맞춰 더하는 방법은 어떤 수에도 적용할 수 있어요.

〈세 자릿수〉

```
    1 7 4
+     2 1
─────────
    1 9 5
```

〈네 자릿수〉

```
    2 5 1 3
+   1 4 6 5
───────────
    3 9 7 8
```

백의 자리나 천의 자리에 받아올림이 있을 때에는 아래와 같은 방법으로 계산할 수 있어요.

〈세 자릿수〉

```
    1 1
    2 4 8
+   6 7 3
─────────
    9 2 1
```

〈네 자릿수〉

```
    1 1 1
    7 4 9 5
+   4 6 0 8
───────────
  1 2 1 0 3
```

세로셈을 할 때에는 꼭 자릿수를 맞춰서 계산해야 해요.

덧셈의 검산 checking additions

덧셈을 맞게 했는지 확인하는 방법은 여러 가지가 있어요.

〈어림하여 확인하기〉

방법① 반올림을 하여 답이 알맞은지 확인하기

143+39를 계산할 때, 39를 반올림하여 40으로 계산하면
143+40=183으로 39를 반올림하여 더 커진 값을 더했으므로,
정답은 183보다 작아야 해요.
143+39를 계산할 때, 143을 반올림하여 140으로 계산하면
140+39=179로 143을 반올림하여 더 작은 값을 더했으므로,
정답은 179보다 커야 해요.

방법② 끝자리 숫자들을 더한 값을 이용하여 확인하기

143+39를 계산할 때, 끝자리 숫자를 더하면 3+9=12이므로,
143+39를 계산하면 일의 자리가 2가 되어야 해요.
더 정확하게 확인하고 싶다면 아래와 같이 반올림하여 더한 값을 다시 바꾸어 주면 돼요.
143+40=183-1

〈거꾸로 계산하기〉

거꾸로 뺄셈을 해 보면 더한 값이 맞는지 확인할 수 있어요.
143+39=182일 때, 182-143=39, 182-39=143과 같이 거꾸로 뺄셈을 하여 계산한 값이 맞는지 확인할 수 있어요.

머리셈으로 뺄셈하기 mental subtraction

머리셈으로 뺄셈을 하는 방법에는 여러 가지가 있어요. 이때 머리셈을 시작하기 전에 먼저 수를 보고 어떤 방법으로 계산할지 정하는 것이 좋아요.

방법①

7003-6988을 할 때, 작은 수에서 큰 수까지 얼마나 되는지 머리셈으로 세어 올라가기만 하면 돼요. 즉 6988에 2를 더하면 6990이고, 그 다음에 10을 더하면 7000이 되고, 거기에 3을 더하면 7003이 돼요. 따라서 두 수의 차는 2+10+3=15예요.

방법②

6988에 10을 더하면 6998이 되고, 그 다음에 2를 더하면 7000이 되고, 다음에 3을 더하면 7003이 돼요. 따라서 차는 10+2+3=15예요.

방법③

덧셈을 이용하여 뺄셈을 할 수도 있어요. 즉 작은 수에서 큰 수까지 얼마나 차이가 나는지 더하다 보면 두 수의 차를 구할 수 있어요.
머릿속에 수직선을 떠올리고 빼어지는 수에서 출발하여, 먼저 10의 배수가 될 때까지 건너뛰고, 빼는 수에 도착할 때까지 또 건너뛰어서 얼마나 뛰었는지 보면 답을 구할 수 있어요.

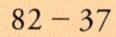

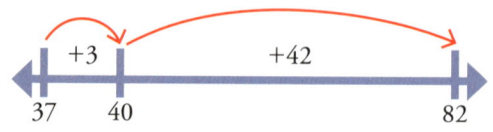

3+42=45이므로, 82-37=45예요.

편리하게 뺄셈하기

수를 좀 더 작게 만들어 나가면 계산하기가 편리해져요.

832 - 437을 할 때 832 - 432 - 5로 바꾸면, 400 - 5 = 395를 하면 되므로 좀 더 쉽게 계산할 수 있어요.

또한 1296 - 597을 할 때 1296 - 596 - 1로 바꾸면, 700 - 1 = 699가 되므로 좀 더 쉽게 계산할 수 있어요.

이때 뺄셈에서는 순서대로 빼지 않으면 틀린 답이 나오므로 꼭 순서대로 빼야 해요. 예를 들어 832 - 432 - 5 = 395는 맞는 답이지만, 432 - 5 - 832 = - 405는 틀린 답이 돼요.

자릿값을 이용하여 빼기

소수나 자연수 모두 자릿값을 이용하여 뺄셈을 할 수 있어요.

예를 들어 700과 400은 각각 7과 4보다 100배 큰 수로 다음과 같이 생각할 수 있어요.

7 - 4 = 3을 이용하여 다음의 수들을 쉽게 계산할 수 있어요.

700 - 400 = 300

7000 - 4000 = 3000

0.7 - 0.4 = 0.3

0.07 - 0.04 = 0.03

반올림하거나 바꾸어 빼기

좀 더 쉽게 뺄셈을 하는 방법으로 반올림을 한 뒤 다시 바꾸기를 하는 방법이 있어요.

반올림을 하여 덧셈이나 뺄셈을 할 때에는 수가 더 커지거나 작아지므로 바꾸기를 해 주어야 해요.

이때 반올림한 수를 보고 얼마를 더하거나 빼 주어야 하는지 정해야 해요. 또한 반올림을 했는데 답이 큰 수가 나왔다면 올려 준 것만큼 빼 줘야 해요.

79 − 26

80 − 26=54   79를 반올림하면 1이 더해진 80이 되므로, 79대신 80을 쓴다.
54 − 1=53   더해 준 1을 다시 뺀다.
79 − 26=53   따라서 79−26=53이다.

반올림한 값이 작아졌다면 계산한 값도 작아지므로, 바꾸기를 할 때에는 반올림하여 작아진 만큼 더해 줘야 해요.

91 − 47

90 − 47=43   91을 반올림하면 1이 작아진 90이 되므로, 91대신 90을 쓴다.
43+1=44   작아진 1만큼 더한다.
91 − 47=44   따라서 91−47=44이다.

➡ 소수, 자릿값, 반올림

백, 십, 일을 빼기

각 자리마다 차례로 뺄셈을 하여 답을 구할 수도 있어요. 이때는 먼저 자릿값이 높은 것부터 계산하여 나온 값을 더해 주면 돼요.

54 − 23
5(0) − 2(0) = 3(0) 십의 자리끼리 뺀다.
4 − 3 = 1 일의 자리끼리 뺀다.
30 + 1 = 31 구한 값을 더한다.

3은 4보다 작다. 20은 50보다 작다.

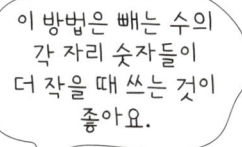

169 − 43
1(00) − 0 = 1(00) 백의 자리끼리 뺀다.
6(0) − 4(0) = 2(0) 십의 자리끼리 뺀다.
9 − 3 = 6 일의 자리끼리 뺀다.
100 + 20 + 6 = 126 구한 값을 더한다.

3은 9보다 작다. 40은 60보다 작다.

이 방법은 빼는 수의 각 자리 숫자들이 더 작을 때 쓰는 것이 좋아요.

필산으로 빼기

필산으로 뺄셈을 할 때 쓰는 가장 일반적인 방법은 세로셈이에요. 세로셈을 할 때에는 큰 수를 작은 수 위에 자리를 맞춰서 쓰고, 위에 적힌 수에서 아래에 적힌 수를 빼면 돼요.

```
  7 6           7 6            7 6
− 2 4    →    − 2 4     →    − 2 4
                  2            5 2
```

먼저 십의 자리와 일의 자리를 맞춰서 쓴다.

일의 자리끼리 뺄셈을 한다.

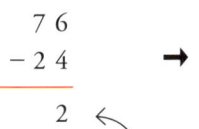

십의 자리끼리 뺀다.

이 방법은 두 자리 이상의 큰 수에도 쓸 수 있어요.

⟨세 자릿수⟩
```
  2 8 9
- 1 4 1
-------
  1 4 8
```

⟨네 자릿수⟩
```
  6 9 5 5
- 4 1 4 3
---------
  2 8 1 2
```

➜ 숫자, 자릿값, 반올림하거나 바꾸어 빼기

세로셈 column method continued

세로셈을 할 때 아래에 있는 수가 위에 적힌 수보다 크다면 왼쪽에 있는 자리에서 자릿값만큼 빌려 와야 해요. 이것을 받아내림이라고 하는데, 계산할 때는 받아내림한 것을 빼고 해야 해요.

⟨1단계⟩
```
  8 3
- 6 9
```
십의 자리와 일의 자리를 맞춰서 수를 아래위에 쓴다.

⟨2단계⟩
```
  7 10
  8̷ 3
- 6 9
```
자릿값이 낮은 일의 자리부터 계산한다. 3이 9보다 작으므로 십의 자리에서 10을 빌려 와서 3에 더한다. 일의 자리 위에 작게 10이라고 쓴다.

⟨3단계⟩
```
  7 10
  8̷ 3
- 6 9
------
      4
```
일의 자리끼리 뺀다.

⟨4단계⟩
```
  7 10
  8̷ 3
- 6 9
------
  1 4
```
십의 자리끼리 뺀다.

자리를 맞춰 빼는 방법은 자릿수가 많아도 적용할 수 있어요.

〈세 자릿수〉

```
    5 13 10
    6 4 2
  - 4 7 4
  ─────────
    1 6 8
```

〈네 자릿수〉

```
       11 9
    4 12 10 10
    5 2 0 5
  - 2 7 2 6
  ──────────
    2 4 7 9
```

뺄셈의 검산 checking subtractions

〈어림하여 확인하기〉

방법 ① 반올림을 하여 답이 알맞은지 확인하기

179-53을 계산할 때 179를 반올림하여 180으로 계산하면
180-53=127로, 179를 반올림하여 더 커진 값에서 뺐으므로,
정답은 127보다 작아야 해요.

179-53을 계산할 때 53을 반올림하여 50으로 계산하면
179-50=129로 50을 반올림하여 더 작아진 값을 뺐으므로,
정답은 129보다 작아야 해요.

방법 ② 일의 자리 숫자들을 더한 값을 이용하여 확인하기

179-53에서 일의 자리 숫자끼리 계산하면 9-3=6이므로,
179-53은 일의 자리 숫자가 6이어야 해요.

〈거꾸로 계산하기〉

바꾸어서 빼 보거나 덧셈을 해서 계산이 맞는지 확인할 수 있어요.

134-81=53   81+53=134   53+81=134

➜ 숫자, 자릿값, 반올림

곱셈과 나눗셈

곱셈은 같은 수나 양을 여러 번 더할 수 있는 가장 빠른 방법이고, 나눗셈은 같은 수나 양을 여러 번 빼거나 같은 묶음으로 나누어 줄 때 빠르게 계산할 수 있는 방법이에요. 즉 곱셈과 나눗셈은 서로 반대되는 개념이에요.

곱셈 기호는 '×'이고,
나눗셈 기호는 '÷'예요.

곱셈 multiplication

곱셈은 여러 가지 뜻으로 쓰이는데, 그중 한 가지는 '연달아 더한다'는 뜻이에요. 예를 들어 구슬이 10개 들어 있는 주머니가 3개 있는데, 구슬이 모두 몇 개인지 알고 싶다고 할 때 10에 3을 곱하면 돼요.

연달아 더한다는 것은 연달아 뺀다는 것과 반대되는 뜻이에요.
연달아 더하기를 써야 할 때는 '얼마나 많이 있나?', '모두 얼마인가?', '묶음은 모두'와 같은 말이 나와요.

다음으로 곱셈에서 중요하게 쓰이는 뜻으로 '늘린다'는 뜻이 있어요.
예를 들어 내가 왕구슬 4개를 가지고 있는데 친구가 왕구슬 1개와 작은 구슬 5개를 바꾸자고 했다면, 이때 내가 받아야 할 구슬은 작은 구슬 20개가 돼요.

즉 내가 가진 왕구슬은 아래 그림과 같이 작은 구슬 20개로 늘어나게 돼요.

4 × 5 = 20

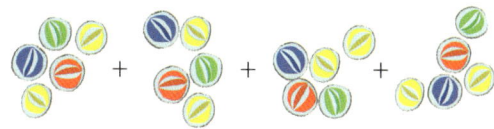

'늘어난다'는 말은 '몇 배', '날마다', '~씩', '두 배, 세 배, 몇 배로 많이', '몇 배로 크게' 등의 말과 관계가 있어요.

➡ 덧셈, 뺄셈

나눗셈 division

나눗셈은 두 가지 뜻으로 쓰여요. 하나는 '나눈다'는 뜻으로, 예를 들어 30개의 구슬을 3명의 친구와 나누어 가지려고 할 때, 한 사람이 몇 개의 구슬을 갖게 되는지 나누어 보면 알 수 있어요.

나눗셈에는 '묶는다'는 뜻도 있어요.
예를 들어 구슬 30개를 친구들에게 3개씩 나누어 주려고 할 때 나눗셈을 하면 친구 몇 명에게 줄 수 있는지 알 수 있어요. 이 방법은 뺄셈을 연달아 하는 것과 같고, 연달아 더하는 것과는 반대되는 거예요.
나눗셈은 다음과 같이 여러 가지 방법으로 나타낼 수 있어요.

$30 \div 3 \qquad \dfrac{30}{3} \qquad 30/3 \qquad 3\overline{)30}$

몫과 나머지 quotients and remainders

몫은 어떤 수를 다른 수로 나누었을 때 그 수가 몇 번 들어가는지를 알려 주는 자연수예요.

나눗셈을 할 때 나누어떨어지지 않으면 남는 수가 있는데, 이것을 나머지라고 해요. 몫과 나머지는 아래와 같이 나타내요.

14 ÷ 4 = 3 … 2
          몫 나머지

나머지는 제수보다 작아요. 만약 나머지가 제수보다 크다면 제수가 피제수에 몇 번 더 들어갈 수 있다는 말이에요.

제수와 피제수 divisor and dividend

나눗셈에서 나누는 수를 제수라 하고 나뉘어지는 수를 피제수라고 해요. 즉 6 ÷ 3에서 6이 피제수이고, 3이 제수예요.

나눗셈하고 반올림하기

나눗셈을 한 뒤 몫을 반올림해야 할 때가 있어요. 언제 반올림을 하는지는 어떤 상황에서 나눗셈을 했는지에 따라 정해져요.

상황①
학생 8명이 탈 수 있는 소형 버스가 있다고 할 때, 30명의 학생이 공원에 가려면 소형 버스가 몇 대 필요할까요?

30 ÷ 8 = 3 … 6이에요.

즉 3대의 버스에 8명씩 탈 수 있고 남은 사람은 6명이에요. 그런데 버스를 타야 할 학생이 남은 경우에는 무조건 버스 1대를 더 추가해야 하므로 반올림이 아니라 올림을 해야 해요. 그러므로 소형버스는 4대가 필요해요.

상황②

어떤 사람이 자신의 자동차에 기름을 30리터 채운 뒤 일하러 갈 때마다 기름을 8리터씩 쓴다고 할 때, 기름을 다시 채워 넣기 전에 몇 번 일하러 갈 수 있을까요?

$30 \div 8 = 3 \cdots 6$이에요.

여기에서는 일을 하러 가는 도중에 기름이 떨어지지 않아야 한다는 것을 고려해야 하므로 답은 3번이에요.

반대 효과 opposite effects

곱셈과 나눗셈은 서로 반대되는 개념이에요. 이 말은 서로 거꾸로 계산할 수 있다는 의미이기도 해요.

$2 \times 3 = 6$ ↔ $6 \div 3 = 2$

곱셈표 times tables

곱한 값을 늘어놓은 표

곱셈표를 이용하면 곱셈을 하는 데 도움이 될 뿐만 아니라 다른 값을 구할 때에도 빨리 계산할 수 있어요.

예를 들어 $3 \times 2 = 6$을 활용하여 다른 계산도 할 수 있어요.

$2 \times 3 = 6$ 곱셈은 순서가 달라도 상관이 없다.

$6 \div 2 = 3$
$6 \div 3 = 2$ 나눗셈은 곱셈을 거꾸로 하는 것이다.

2단 곱셈표의 값을 두 번 더하면 4단 곱셈표가 나오고, 2단 곱셈표의 값을 두 번 더한 것을 다시 두 배하면 8단 곱셈표가 나와요.

3단 곱셈표의 값을 두 번 더하면 6단 곱셈표가 나오고, 9단 곱셈표는 아래와 같이 10단 곱셈표를 보고 구할 수 있어요.

$9 \times 1 = (1 \times 10) - 1 = 9$

$9 \times 2 = (2 \times 10) - 2 = 18$

$9 \times 3 = (3 \times 10) - 3 = 27$

이렇게 계속하면 돼요.

〈2단, 3단 곱셈표〉

2단 곱셈표				
2	×	1	=	2
2	×	2	=	4
2	×	3	=	6
2	×	4	=	8
2	×	5	=	10
2	×	6	=	12
2	×	7	=	14
2	×	8	=	16
2	×	9	=	18
2	×	10	=	20
2	×	11	=	22
2	×	12	=	24

3단 곱셈표				
3	×	1	=	3
3	×	2	=	6
3	×	3	=	9
3	×	4	=	12
3	×	5	=	15
3	×	6	=	18
3	×	7	=	21
3	×	8	=	24
3	×	9	=	27
3	×	10	=	30
3	×	11	=	33
3	×	12	=	36

〈4단, 5단 곱셈표〉

4단 곱셈표
4 × 1 = 4
4 × 2 = 8
4 × 3 = 12
4 × 4 = 16
4 × 5 = 20
4 × 6 = 24
4 × 7 = 28
4 × 8 = 32
4 × 9 = 36
4 × 10 = 40
4 × 11 = 44
4 × 12 = 48

5단 곱셈표
5 × 1 = 5
5 × 2 = 10
5 × 3 = 15
5 × 4 = 20
5 × 5 = 25
5 × 6 = 30
5 × 7 = 35
5 × 8 = 40
5 × 9 = 45
5 × 10 = 50
5 × 11 = 55
5 × 12 = 60

〈6단, 7단 곱셈표〉

6단 곱셈표
6 × 1 = 6
6 × 2 = 12
6 × 3 = 18
6 × 4 = 24
6 × 5 = 30
6 × 6 = 36
6 × 7 = 42
6 × 8 = 48
6 × 9 = 54
6 × 10 = 60
6 × 11 = 66
6 × 12 = 72

7단 곱셈표
7 × 1 = 7
7 × 2 = 14
7 × 3 = 21
7 × 4 = 28
7 × 5 = 35
7 × 6 = 42
7 × 7 = 49
7 × 8 = 56
7 × 9 = 63
7 × 10 = 70
7 × 11 = 77
7 × 12 = 84

연산

〈8단, 9단 곱셈표〉

8단 곱셈표			
8	× 1 =	8
8	× 2 =	16
8	× 3 =	24
8	× 4 =	32
8	× 5 =	40
8	× 6 =	48
8	× 7 =	56
8	× 8 =	64
8	× 9 =	72
8	× 10 =	80
8	× 11 =	88
8	× 12 =	96

9단 곱셈표		
9	× 1 =	9
9	× 2 =	18
9	× 3 =	27
9	× 4 =	36
9	× 5 =	45
9	× 6 =	54
9	× 7 =	63
9	× 8 =	72
9	× 9 =	81
9	× 10 =	90
9	× 11 =	99
9	× 12 =	108

〈10단, 11단 곱셈표〉

10단 곱셈표		
10	× 1 =	10
10	× 2 =	20
10	× 3 =	30
10	× 4 =	40
10	× 5 =	50
10	× 6 =	60
10	× 7 =	70
10	× 8 =	80
10	× 9 =	90
10	× 10 =	100
10	× 11 =	110
10	× 12 =	120

11단 곱셈표		
11	× 1 =	11
11	× 2 =	22
11	× 3 =	33
11	× 4 =	44
11	× 5 =	55
11	× 6 =	66
11	× 7 =	77
11	× 8 =	88
11	× 9 =	99
11	× 10 =	110
11	× 11 =	121
11	× 12 =	132

두 배 비법 double tricks

어떤 수에 4를 곱하려면 그 수를 두 배하고, 다시 두 배하면 돼요. 또한 어떤 수에 8을 곱하려면 그 수를 두 배하고 다시 두 배하고 다시 두 배하면 돼요.

$16 \times 4 = 16 \times 2 \times 2 = 32 \times 2 = 64$

$16 \times 8 = 16 \times 2 \times 2 \times 2 = 32 \times 2 \times 2 = 64 \times 2 = 128$

5배 비법 5x table trick

어떤 수에 5를 곱하는 방법은 아주 간단해요. 짝수일 때는 어떤 수를 2로 나누어 나온 값을 쓰고, 그 다음에 0을 쓰면 돼요.

$16 \times 5 = 80 \, (16 \div 2 = 8)$ $48 \times 5 = 240 \, (48 \div 2 = 24)$

홀수일 때는 어떤 수에서 1을 뺀 뒤 2로 나누어 나온 값을 쓰고, 그 다음에 5를 쓰면 돼요.

$19 \times 5 = 95 \, (19 - 1 = 18, \, 18 \div 2 = 9)$

$51 \times 5 = 255 \, (51 - 1 = 50, \, 50 \div 2 = 25)$

9배 비법 9x table trick

9를 곱할 때 10×9까지는 손가락을 사용하여 기억할 수 있어요. 예를 들어 4×9를 할 경우, 먼저 손바닥이 위를 향하게 하고, 왼손의 왼쪽에서 네 번째 손가락을 접어요.

이때 접은 손가락을 기준으로 왼쪽에 남아 있는 손가락 개수는 십의 자리 숫자를 나타내고, 오른쪽에 남아 있는 손가락 개수는 일의 자리 숫자를 나타내요.

4 × 9 = 36

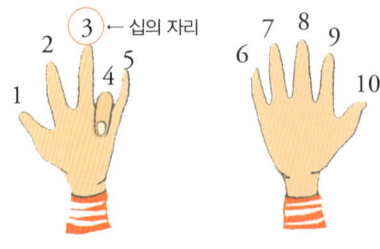

접은 손가락을 기준으로 왼쪽에 남아 있는 손가락 3개가 십의 자리가 된다.

왼쪽 손가락 1개와 오른쪽 손가락 5개를 더한 6이 일의 자리가 된다.

5×9를 할 때에는 다섯 번째 손가락을 접고, 6×9를 할 때에는 여섯 번째 손가락을 접으면 돼요. 이렇게 10×9까지 손가락으로 계산할 수 있어요. 재미있는 계산 방법이죠?

11배 비법 11 x table trick

11에 1에서 9까지의 수를 곱할 때는 곱하는 수를 두 번 쓰기만 하면 돼요. 예를 들어, 11×2=22, 11×7=77이라고 쓰면 돼요.

두 자릿수에 11을 곱할 때는 두 자릿수 사이를 띄우고, 빈자리에 두 자릿수의 각 자리 숫자의 합을 써넣기만 하면 돼요.

26×11=2 ? 6 =286
             └── 2와 6의 합

두 자릿수의 각 자리 숫자의 합이 9보다 클 때에는 1을 받아올림하여 첫 번째 숫자에 더해 주면 돼요.

82 ×11= 8 ? 2 = 902
   └── 8+2=10으로, 9보다 크다.   └── 8+1=9로, 이때 1은 받아올림한 것이다.

➜ 숫자, 덧셈, 나눗셈, 자릿값

표를 이용하여 곱셈하기

두 수의 곱을 구할 때 아래와 같은 표를 이용하여 곱셈을 할 수 있어요. 4×7을 하려면, 먼저 가로줄(열)에서 4를 찾고 세로줄(행)에서 7을 찾은 뒤, 4에서 아래쪽으로 내려가고 7에서 가로줄을 따라가서 만나는 칸을 찾아요. 그 칸에 쓰여 있는 28이 답이에요.

×	1	2	3	4	5	6	7	8	9	10
1	1	2	3	4	5	6	7	8	8	10
2	2	4	6	8	10	12	14	16	18	20
3	3	6	9	12	15	18	21	24	27	30
4	4	8	12	16	20	24	28	32	36	40
5	5	10	15	20	25	30	35	40	56	50
6	6	12	18	24	30	36	42	48	54	60
7	7	14	21	28	35	42	49	56	83	70
8	8	16	24	32	40	48	56	63	72	80
9	9	18	27	32	45	54	68	72	81	90
10	10	20	30	40	50	60	70	80	90	100

10을 곱하기

어떤 수에 10을 곱하면 숫자들은 모두 왼쪽으로 한 자리씩 옮겨져요. 만약 10에 곱한 수가 자연수라면 끝에 0을 쓰고 자리를 맞춰요.

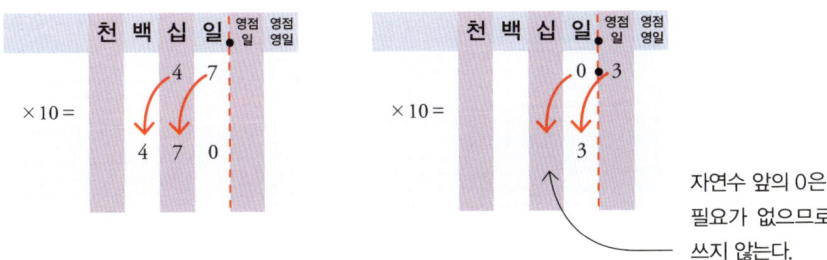

자연수 앞의 0은 필요가 없으므로 쓰지 않는다.

100, 1000을 곱하기

어떤 수에 100을 곱하면 숫자들의 자리가 모두 왼쪽으로 두 칸씩 옮겨져요.
어떤 수에 1000을 곱하면 숫자들의 자리가 모두 왼쪽으로 세 칸씩 옮겨져요.
이때 자연수에 곱했거나 또는 곱해서 자연수가 되었다면 옮긴 자리 끝에 0을 채워 넣어서 자리를 맞춰 주어야 해요.

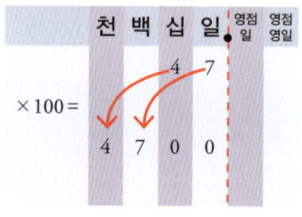 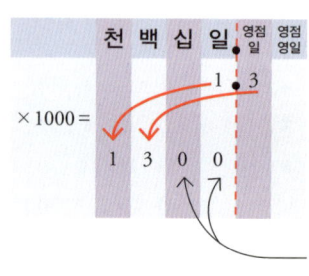

십의 자리와 일의 자리에 0을 써넣는다.

10의 배수를 곱하기

어떤 수에 20, 300, 4000과 같은 10의 배수를 곱할 때에는, 먼저 어떤 수에 10의 배수의 첫 번째 숫자(2, 3, 4 등)를 곱한 뒤 답의 자리를 왼쪽으로(0의 개수에 따라 한 칸, 두 칸, 세 칸) 옮겨 주고 끝에 필요한 만큼 0을 붙여 주면 돼요.

$32 \times 20 = 32 \times 2 \times 10$
$ = 64 \times 10$
$ = 640$

$0.5 \times 400 = 0.5 \times 4 \times 100$
$ = 2 \times 100$
$ = 200$

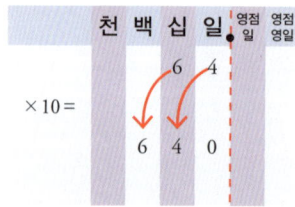 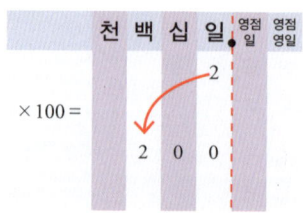

➔ 배수, 자릿값, 곱셈

표를 이용하여 나눗셈하기

100까지의 나눗셈에도 아래의 표를 이용할 수 있어요.
28÷4를 하려면, 먼저 첫 번째 가로줄에서 나누는 수 4를 찾아 나누어지는 수 28이 나올 때까지 아래쪽으로 내려간 뒤, 왼쪽으로 첫 번째 세로줄까지 이동했을 때 나오는 수를 찾으면 돼요.

×	1	2	3	4	5	6	7	8	9	10
1	1	2	3	4	5	6	7	8	8	10
2	2	4	6	8	10	12	14	16	18	20
3	3	6	9	12	15	18	21	24	27	30
4	4	8	12	16	20	24	28	32	36	40
5	5	10	15	20	25	30	35	40	56	50
6	6	12	18	24	30	36	42	48	54	60
7	7	14	21	28	35	42	49	56	83	70
8	8	16	24	32	40	48	56	63	72	80
9	9	18	27	32	45	54	68	72	81	90
10	10	20	30	40	50	60	70	80	90	100

위의 표에서 보면 7이 나오므로, 28÷4=7이에요.

10으로 나누기

어떤 수를 10으로 나눌 때에는 숫자들의 자리가 모두 오른쪽으로 한 칸 옮겨져요.

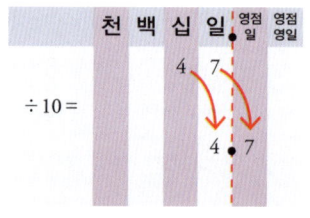

이때 처음의 수가 한 자릿수였다면 소수점 앞에 0을 써야 해요.

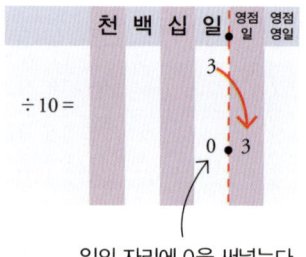

100, 1000으로 나누기

100, 1000으로 나눌 때에도 10으로 나눌 때와 같은 방법으로 계산할 수 있어요.

100으로 나눌 때에는 숫자들의 자리가 모두 오른쪽으로 두 칸 옮겨지고, 1000으로 나눌 때에는 숫자들의 자리가 모두 오른쪽으로 세 칸 옮겨져요. 이때 소수점 앞에 빈자리가 생기면 0을 써서 자리를 채워야 해요.

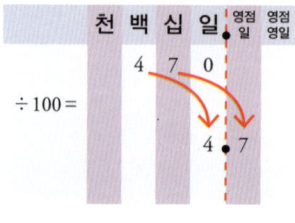
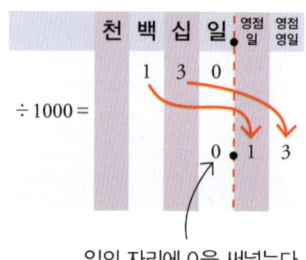

10의 배수로 나누기

어떤 수를 20, 300, 4000과 같은 10의 배수로 나눌 때에는 어떤 수를 10의 배수의 첫 번째 숫자(2, 3, 4 등)로 나누어 나온 답의 자리를 오른쪽으로 한 칸, 두 칸, 세 칸(10의 배수의 0의 개수에 따라서) 옮겨 주면 돼요.

640÷20=640÷2÷10
　　　=320÷10
　　　=32

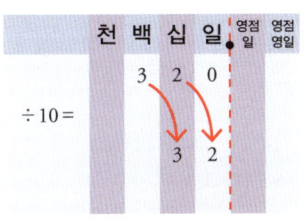

200÷400=200÷4÷100
　　　　=50÷100
　　　　=0.5

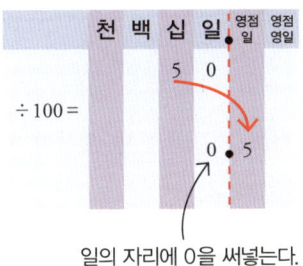

일의 자리에 0을 써넣는다.

➜ 배수, 자릿값, 0(영)

곱셈의 규칙 laws of multiplication

곱셈을 할 때 기억해 두면 좋은 규칙이 세 가지 있어요.
이 규칙들은 숫자 대신 문자를 쓰는 방정식에도 쓸 수 있어요.
다시 말해 a 값이 a와 같고, b 값이 b와 같고, c 값이 c와 같으면 어떤 숫자에도 쓸 수 있는 규칙이에요.

〈교환법칙〉
곱셈은 순서를 바꾸어 계산해도 답이 같아요. 바로 '곱셈의 교환법칙'이에요.

$$a \times b = b \times a$$

5×3=3×5=15

〈결합법칙〉

숫자에 ( )가 있으면 그 부분을 먼저 계산하라는 뜻이에요. 하지만 곱셈만 있는 식이라면 괄호는 답에 아무런 영향을 미치지 않아요. 이것을 '곱셈의 결합법칙'이라고 해요.

$$(a \times b) \times c = a \times (b \times c)$$

(2×6)×3=2×(6×3)=36

〈분배법칙〉

곱셈을 할 때 숫자들을 갈라 주면 계산하기 더 편할 때가 있어요. 이것을 '곱셈의 분배법칙'이라고 해요.

$$(a+b) \times c = (a \times c) + (b \times c)$$

8×27 = 8×(20+7)
     = (8×20)+(8×7)
     = 160+56
     = 216

(a+b)×c=(a×c)+(b×c)

나눗셈의 규칙 divisibility rules

어떤 수를 다른 수로 나누었을 때 나머지가 남지 않은 경우를 '나누어떨어진다'라고 해요. 예를 들어 8은 4와 2로 나누어떨어져요.

〈나누어떨어지는 수의 규칙〉

나누는 수	확인하기
2	끝자리 숫자가 0, 2, 4, 6, 8이다.
3	각 자리 숫자의 합이 3으로 나누어떨어진다.
4	끝의 두 자릿수가 4로 나누어떨어진다.
5	5나 0으로 끝난다.
6	3으로 나누어떨어지면서 끝자리가 짝수이다.
8	끝의 세 자릿수가 8로 나누어떨어진다.
9	각 자리 숫자의 합이 9로 나누어떨어진다.
10	끝자리 숫자가 0이다.
12	3과 4로 나누어떨어진다.
25	끝의 두 자리 숫자가 00, 25, 50 또는 75이다.
100	마지막 두 숫자가 00이다.

양수와 음수의 곱셈과 나눗셈

두 개의 양수와 두 개의 음수를 곱하면 답은 언제나 양수예요. 그리고 두 개의 수 중에서 하나는 양수, 다른 하나는 음수라면 답은 언제나 음수예요.

➜ 방정식, 괄호

머리셈으로 곱셈하기 mental multiplication

머릿속으로 곱셈을 할 때 여러 가지 방법을 사용할 수 있어요. 단, 계산을 시작하기 전에 먼저 숫자들을 보고 어떤 방법이 좋을지 정해야 해요.

〈갈라서 곱하기〉

곱셈을 할 때 더 작은 수로 갈라서 계산하면 더 쉬울 때가 있어요. 갈라서 계산하는 것을 '분해'라고 해요.

$27 \times 3 = (20 \times 3) + (7 \times 3)$
$ = 60 + 21$
$ = 81$

〈곱셈을 덧셈으로 바꾸어 계산하기〉

머리셈으로 곱셈을 할 때에는 덧셈으로 바꾸어 계산할 수 있어요.

$34 \times 3 = 34 + 34 + 34$
$ = 68 + 34$
$ = 102$

34 × 3은 34를 3번 더하는 것과 같아요.

자릿값을 이용하여 곱하기

자연수와 소수를 곱할 때 자릿값을 이용할 수 있어요.

2×6=12라고 할 때, 200×600=1200 00이고, 0.2×0.6=0.1 2로 나타낼 수 있어요.

반올림하거나 바꾸어 곱하기

몇 십으로 반올림하여 반올림한 수를 대신 쓴 뒤 구한 값을 다시 알맞은 수로 고쳐 주는 방법을 이용하면 곱셈을 빨리 할 수 있어요. 이것을 '바꾸기'라고 해요.
이때 반올림하여 곱하면 구한 값이 좀 더 커지므로, 커진 만큼 뺄셈을 하여 답을 바꿔 줘야 해요.

29 × 4

30×4=120   29를 반올림하여 30으로 바꾸어 계산한다.
120-4=116   29를 반올림하면서 1이 4개 더 많아졌으므로, 4를 빼 준다.

따라서 29×4=116이에요.

버려서 작아졌다면 답도 작아져야 하므로, 작아진 만큼 덧셈을 하여 바꿔 줘야 해요.

42 × 6

40×6=240   42를 40으로 어림한 뒤, 40으로 바꾸어 계산한다.
240+12=252   42를 어림하면서 2가 6개(=12) 작아졌으므로, 12를 더해 준다.

따라서 42×6=252예요.

숫자의 순서 바꾸어 곱하기

곱셈에서는 곱하는 수의 순서를 바꾸어 계산해도 값은 같아요.

8×7 대신 7×8=56으로 계산할 수 있어요.

10×5×16 대신 16×5×10=80×10=800으로 계산할 수 있어요.

두 배하기

수를 두 배한다는 것은 2를 곱하거나, 똑같은 수를 두 번 더하는 것과 같아요. 어떤 두 자릿수를 두 배하려면, 십의 자리 숫자와 일의 자리 숫자를 각각 두 배하여 나온 수를 더하면 돼요.

53×2=(50×2)+(3×2)

=100+6

=106

두 배한 뒤 반으로 줄이기

계산을 좀 더 쉽게 하는 방법으로, 숫자 하나를 두 배하여 곱한 다음 구한 답을 반으로 줄이는(2로 나눈다) 방법이 있어요.

28 × 5

28×10=280   5대신 5를 두 배한 10을 쓴다.

280÷2=140   답을 반으로 줄인다.

따라서 28×5=140이에요.

인수를 이용하여 곱셈하기

수를 인수분해하여 순서를 바꾸어 곱하면 계산이 쉬워져요.

$35 \times 16 = 5 \times 7 \times 4 \times 4$ 수를 인수의 곱으로 나타냈다.

$\quad\quad\quad = (5 \times 4) \times 4 \times 7$ 순서를 바꾸어 곱하니 더 쉬워졌다.

$\quad\quad\quad = (20 \times 4) \times 7$

$\quad\quad\quad = 80 \times 7$

$\quad\quad\quad = 560$

〈인수들의 곱으로 나타냈을 때 계산하기 더 편리한 숫자들〉

곱하는 수	적용 규칙
4	×2를 한 뒤 ×2를 한다.
6	×3을 한 뒤 ×2를 한다.
8	×2를 세 번 하거나 ×4를 한 뒤 ×2를 한다.
9	×3을 한 뒤 ×3을 한다.
12	×4를 한 뒤 ×3을 한다.
14	×7을 한 뒤 ×2를 한다.
15	×5를 한 뒤 ×3을 한다.
16	×4를 한 뒤 ×4을 한다.

4의 인수는 2, 2이고, 6의 인수는 3, 2예요.

➧ 소인수, 곱셈

필산으로 곱셈하기 written multiplication

머리셈으로 계산할 수 없을 때 숫자를 쓰면서 하는 필산으로 곱셈을 할 수 있어요.

〈표를 이용한 곱셈〉

숫자를 십의 자리와 일의 자리로 나누어 아래 그림과 같이 표를 만들고, 각 수들끼리 차례로 곱한 뒤 나중에 총 합계를 구해요.

26×45

〈1단계〉
수를 십의 자리와 일의 자리로 갈라서 아래와 같이 표를 만든다.

×	40	5
20		
6		

〈2단계〉
윗줄에 있는 수에 각각 왼쪽의 수를 곱하여 구한 값을 빈칸에 써넣는다.

×	40	5
20	800	100
6	240	30

〈3단계〉
2단계에서 구한 값을 각각의 열(가로줄)끼리 더한다.

〈4단계〉
3단계에서 구한 값을 모두 더한다.

×	40	5	
20	800	100	900
6	240	30	270

```
  9 0 0
+ 2 7 0
-------
1 1 7 0
```

따라서 $26 \times 45 = 1170$이에요.

표를 이용한 곱셈은 세 자릿수나 자릿수가 더 많은 수에도 쓸 수 있어요. 이때 큰 수를 가로줄에 쓰는 것이 좋아요.

표를 만들어 각 숫자가 나타내는 값을 쓰고, 칸을 모두 채운 다음 더하면 돼요. 이때 곱하는 수의 자릿수에 따라 줄과 칸이 결정돼요.

123×72

⟨1단계⟩
수를 백의 자리와 십의 자리, 일의 자리로 갈라서 아래처럼 표를 만든다.

×	100	20	3
70			
2			

⟨2단계⟩
윗줄에 있는 수에 각각 왼쪽의 수를 곱하여 구한 값을 빈칸에 써넣는다.

×	100	20	3
70	7000	1400	210
2	200	40	6

⟨3단계⟩
2단계에서 구한 값을 각각의 열(가로줄)끼리 더한다.

⟨4단계⟩
3단계에서 구한 값을 모두 더한다.

×	100	20	3	
70	7000	1400	210	8610
2	200	40	6	246

```
  8 6 1 0
+   2 4 6
---------
  8 8 5 6
```

따라서 $123 \times 72 = 8856$이에요.

⟨세로셈⟩

세로셈은 긴 곱셈으로 불리기도 해요. 우리에게 가장 익숙한 방법이죠. 세로셈으로 곱셈을 할 때에는 줄을 맞춰서 쓴 뒤 계산해요. 줄을 맞춰서 쓴 뒤 위에 적힌 수를 아래에 적힌 수에 곱하는데 이때 자릿값이 낮은 숫자부터 곱한 뒤 다음 자리 숫자를 곱해요.
마지막에 구한 곱을 모두 더해요.

32 × 23

⟨1단계⟩

```
   3 2
 × 2 3
 ─────
```
32와 23을 같은 자릿수끼리 줄을 맞춰 쓴다.

⟨2단계⟩

```
   3 2
 × 2 3
 ─────
   9 6
```
32에 일의 자리 숫자 3을 곱한다.
2×3=6
30×3=90

⟨3단계⟩

```
   3 2
 × 2 3
 ─────
   9 6
 6 4 0
```
32에 20을 곱한다.
2×20=40
30×20=600
따라서
32×20
=40+600
=640이다.

⟨4단계⟩

```
   3 2
 × 2 3
 ─────
   9 6
 ¹6 4 0
 ─────
 7 3 6
```
두 수를 더한다.
96+640=736이므로,
32×23=736이다.

두 수를 곱한 값이 10 이상일 때, 오른쪽 끝자리에 일의 자리 숫자를 쓰고 십의 자리 숫자는 맨 위쪽 십의 자리 숫자 위에 작게 써요. 이것을 '받아올림'이라고 해요. 그런 다음 다음 수의 곱을 한 뒤 받아올림한 수를 더해서 써요.

```
   ⁴
   5 6
 ×   7
 ─────
   3 9 2
```
6×7=42이므로, 일의 자리에 2를 쓰고 4는 십의 자리 위에 작게 쓴다.
5(0)×7=35(0)이므로,
여기에 받아올림한 4(0)를 더하여
35(0)+4(0)=39(0)로 계산한다.

더 큰 수의 곱도 세로셈으로 구할 수 있어요.

176×34

```
  2 1
    3 2
    1 7 6
  ×     3 4
  ─────────
    7 0 4
  5 2 8
  ─────────
  5 9 8 4
```

6×4=24이므로, 4를 일의 자리에 쓰고,
2를 십의 자리에 받아올림한다.

소수의 곱셈도 세로셈으로 구할 수 있어요.

3.2×2.1

```
        3 2
    ×   2 1
    ───────
        3 2
      6 4
    ───────
      6.7 2
```

소수를 곱할 때에는 소수점을 무시하고 곱한 뒤, 곱한 수들의 소수의 자릿수를 모두 더한 수만큼 곱셈한 값에 소수점을 찍어요.
따라서 3.2(소수 한 자릿수)×2.1(소수 한 자릿수)=6.72(소수 두 자릿수)예요.

➡ 소수, 숫자, 자릿값, 곱셈

격자(겔로시아) 곱셈

자릿수가 여러 개인 두 수를 곱할 때, 격자 모양을 사용하는 방법이에요.

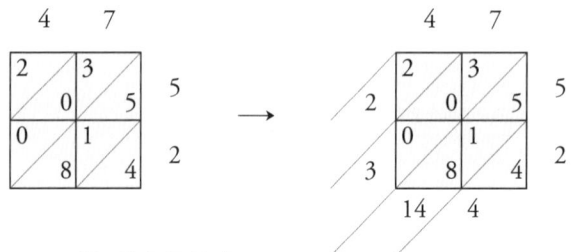

예를 들어 47×52를 계산해 볼까요.

❶ 위의 왼쪽 그림과 같이 격자무늬에 대각선을 그린 뒤, 네모 칸 위와 오른쪽에 곱하는 두 수, 47과 52를 써넣는다.

❷ 7과 2를 곱한 결과인 14를 오른쪽 아래 칸에 십의 자리 1과 일의 자리 4로 나누어 각각 숫자 하나씩을 써넣는다.

❸ 마찬가지 방법으로 7과 5를 곱한 결과인 35를 써넣는다.

❹ 4와 2를 곱한 수인 8은 10의 자릿수로 나타내면 08이라고 할 수 있으므로, 대각선 위쪽에 0을 쓰고 밑에 8을 써넣는다.

❺ 이러한 방법으로 격자무늬의 나머지 부분도 채워 넣는다.

❻ 모두 채워 넣었으면 오른쪽 그림처럼 격자무늬에서 사선을 바깥쪽으로 연장한 뒤, 사선 안의 수를 더하여 적는다. 왼쪽부터 차례로 2, 3, 14, 4이다.

❼ 사선의 숫자를 왼쪽부터 차례로 적는데, 사선의 수를 더하여 나온 값이 두 자릿수인 경우에는 올림으로 계산한다. 즉, '2, 3+1, 4, 4'가 되므로 47×52=2444가 된다.

세 자릿수 곱셈도 같은 방법으로 할 수 있어요.

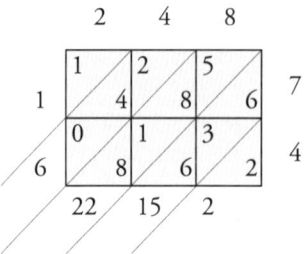

248×74는 '1, 6+2, 2+1, 5, 2'가 되므로, 248×74=18352가 된다.

곱셈의 검산 checking multiplication

계산을 하기 전에 답을 예상해 보고 계산이 끝난 뒤 정확하게 계산했는지 아래와 같은 방법으로 확인할 수 있어요.

〈어림하기〉
계산 결과가 알맞은지 어림하여 확인할 수 있어요.

41×7

41은 40으로 어림해요.
$40 \times 7 = 280$이므로, 답은 280보다 조금 더 커야 해요.
끝자리 숫자를 이용하여도 계산한 값이 맞는지 확인할 수 있어요.
$1 \times 7 = 7$이므로, 답은 7로 끝나야 해요.
반올림과 바꾸기를 이용하면 좀 더 정확하게 확인할 수 있어요.
$41 \times 7 = (40 \times 7) + (1 \times 7) = 287$

〈곱셈과 나눗셈을 바꾸어 확인하기〉
계산 순서를 바꾸어 곱해 보거나 나눗셈을 해 보면 계산 결과가 맞는지 확인할 수 있어요.
즉 $41 \times 7 = 287$이라면 $7 \times 41 = 287$, $287 \div 41 = 7$, $287 \div 7 = 41$ 등의 방법으로 확인할 수 있어요.

곱셈, 나눗셈을 바꾸어 확인하는 방법

$5 \times 3 = 15$	$a \times b = c$
$15 \div 3 = 5$	$c \div b = a$
$15 \div 5 = 3$	$c \div a = b$

곱하거나 나누는 수를 무엇으로 할지 정하려면 알고 있는 숫자들의 관계를 생각해 보면 돼요.

머리셈으로 나눗셈하기 mental division

머리셈으로 나눗셈을 할 때에는 머리셈을 하기 전에 먼저 숫자들을 보고 어떤 방법으로 계산하는 것이 가장 좋을지 정해야 해요.

〈가르고 나누기〉

아래와 같이 나누기 쉽게 수를 가른 뒤 나눌 수 있어요.

$69 \div 3$

69 = 60+9	69를 60과 9로 가른다.
60 ÷ 3 = 20	60÷3을 한다.
9 ÷ 3 = 3	9÷3을 한다.
20 + 3 = 23	위에서 계산한 값을 더한다.

따라서 $69 \div 3 = 23$이에요.

〈인수를 이용하여 나누기〉

인수분해를 이용하여 차례대로 나누면 계산을 쉽게 할 수 있어요.

$96 \div 6$

= (96 ÷ 3) ÷ 2   6=3×2이므로, 3으로 나눈 뒤에 다시 2로 나눈다.
= 32 ÷ 2
= 16

$156 \div 12$

= (156 ÷ 3) ÷ 2 ÷ 2   12=3×4=3×2×2이므로, ÷3, ÷2, ÷2를 차례로 계산한다.
= (52 ÷ 2) ÷ 2
= 26 ÷ 2
= 13

〈짝수를 반으로 반복하여 나누기〉

짝수를 짝수로 나눌 때에는 둘 다 반으로 줄인 뒤, 답이 간단하게 구해질 때까지 계속 반으로 줄여 나가요.

$112 \div 28$ 112와 28을 각각 2로 나눈다.
$= 56 \div 14$ 56과 14를 각각 2로 나눈다.
$= 28 \div 7$ 28과 7을 각각 7로 나눈다.
$= 4 \div 1$
$= 4$

〈뺄셈을 반복하여 나누기〉

큰 수에서 작은 수를 몇 번 뺄 수 있는지 손가락으로 세면 나눗셈을 하는 것과 같은 결과가 나와요.

예를 들어 64에서 16을 4번 뺄 수 있으므로, $64 \div 16 = 4$예요.

〈간편하게 나누기〉

길게 쓰지 않고 머리셈으로 간단하게 쓰면서 나눗셈을 할 수 있는 방법이에요.

$7752 \div 3$

$$3 \overline{)7^1 7^2 5^1 2}^{\,2\,5\,8\,4}$$

❶ 7에 3이 2번($2 \times 3 = 6$) 들어간다. 남은 1을 7 옆에 쓴다.
❷ 17 안에 3이 5번($5 \times 3 = 15$) 들어간다. 남은 2를 7 옆에 쓴다.
❸ 25 안에 3이 8번($8 \times 3 = 24$) 들어간다. 남은 1을 5 옆에 쓴다.
❹ 12 안에 3이 4번($3 \times 4 = 12$) 들어간다.

필산으로 나눗셈하기 written division

숫자를 쓰면서 하는 나눗셈에는 아래의 두 가지 방법이 있어요.

⟨짧은 나눗셈⟩

짧은 나눗셈은 10보다 작은 수로 나눌 때 쓰는 방법이에요.
아래에 나온 것처럼 앞 자릿수부터 각 자리 숫자를 차례로 나누어 윗줄에 쓰면 그 수가 답이 돼요.

84 ÷ 4

$$\begin{array}{r} 2\,1 \\ 4\overline{)8\,4} \end{array}$$ 줄을 따라 계산하고 위에 답을 쓴다.
8÷4=2, 4÷4=1이므로, 줄 위에 쓰인 21이 답이다.

숫자가 나누어떨어지지 않을 때에는 다음 숫자 앞에 나머지를 적은 뒤, 그 수를 새로운 수로 생각하고 나눗셈을 해야 해요. 그래도 나머지가 남으면 계산하고 나서 답을 적을 때 나머지도 적어 줘야 해요.

마지막으로 남는 나머지는 자연수로 나타낼 수도 있고, 나머지 없이 몫을 분수나 소수로 나타낼 수도 있어요. 예를 들어 4로 나누었는데 2가 남는다면 나머지 2 또는 몫에 $\frac{1}{2}$이 늘어나요.

98 ÷ 4

$$\begin{array}{r} 2\,4\ \cdots 2 \\ 4\overline{)9^{1}8} \end{array}$$

9÷4=2⋯1에서 나머지 1을 9 옆에 써요.
18÷4=4⋯2이므로, 98÷4=24⋯2 또는 24.5, $24\frac{1}{2}$이라고 쓸 수 있어요.

➡ 숫자, 짝수, 뺄셈

⟨긴 나눗셈⟩

긴 나눗셈은 10보다 큰 수로 나눌 때 쓰는 방법이에요.
짧은 나눗셈과 같은 방법으로 계산하되, 나머지를 머릿속으로 계산하고 넘겨서 숫자 옆에 쓰는 대신 세로로 쓰면서 계산해요.

$345 \div 15$

⟨1단계⟩

$15 \overline{)345}$ 3은 15로 나눌 수 없으므로, 다음 숫자인 34를 15로 나눈다.

⟨2단계⟩

$\begin{array}{r} 2 \\ 15\overline{)345} \\ 30 \\ \hline 4 \end{array}$ 2×15=30이므로, 4 위에 2를 쓴다. 34에서 30을 뺀 뒤, 나머지 4를 쓴다.

⟨3단계⟩

$\begin{array}{r} 2 \\ 15\overline{)345} \\ 30\downarrow \\ \hline 45 \end{array}$ 5를 내려서 4 옆에 쓰고 45를 15로 나눌 준비를 한다.

⟨1단계⟩

$\begin{array}{r} 23 \\ 15\overline{)345} \\ 30\downarrow \\ \hline 45 \end{array}$ 3×15=45이므로, 3을 5 위에 쓴다. 가지고 내려올 수 있는 수가 더 없으므로 답은 230이다.

제수가 몇 번 들어가는지 한 번에 찾지 못할 경우에는 아래 문제처럼 각 자릿값 위에 다시 몫을 써넣으면서 계산하면 돼요.

$\begin{array}{r} 3 \\ \cdot\,4\;1\;\cdots 7 \\ 12\overline{)859} \\ 480 \\ \hline 370 \\ 360 \\ \hline 19 \\ 12 \\ \hline 7 \end{array}$ 계산한 결과 몫은 71, 나머지는 7이 된다.

소수의 나눗셈 dividing decimals

소수의 나눗셈을 할 때 긴 나눗셈이나 짧은 나눗셈을 모두 이용할 수 있어요.

$9.3 \div 3$

$$\begin{array}{r} 3.1 \\ 3\overline{)9.3} \end{array}$$
$9 \div 3 = 3$
$3 \div 3 = 1$

> 소수의 나눗셈에서 답을 쓸 때에는 문제의 소수점과 같은 자리에 소수점을 찍어 주어야 해요.

나눗셈의 검산 checking division

아래와 같은 방법으로 계산을 하기 전에 답을 예상해 보고, 계산한 뒤에 답이 맞는지 확인할 수 있어요.

〈어림하기〉
어림하기는 답이 알맞은지 생각해 보거나 확인할 때 쓸 수 있어요.

$148 \div 4$

148은 150에 가깝기 때문에 4를 5로 올려 줘요.
$150 \div 5 = 30$이므로, 답은 30에 가까워야 해요.

〈곱셈과 나눗셈을 바꾸어 계산하기〉
곱셈을 나눗셈으로, 나눗셈을 곱셈으로 바꾸어 확인하거나 순서를 바꾸어 나누어도 답을 확인할 수 있어요.

$287 \div 7 = 41$

$287 \div 41 = 7$

$7 \times 41 = 287$

$41 \times 7 = 287$

곱셈, 나눗셈을 바꾸어 확인하는 방법

$5 \times 3 = 15$ $a \times b = c$

$15 \div 3 = 5$ $c \div b = a$

$15 \div 5 = 3$ $c \div a = b$

곱하거나 나누는 수를 무엇으로 할지 정하려면 알고 있는 숫자들의 관계를 생각해 보면 돼요.

➜ 소수, 어림하기

혼합계산

실제 생활에서는 여러 가지 연산을 한꺼번에 해야 할 때가 있어요. 이렇게 여러 가지 연산이 섞여 있는 계산을 혼합계산이라고 해요. 여기에서는 혼합계산을 할 때 알아 두어야 할 것들을 살펴보기로 해요.

괄호 ( ) brackets

괄호는 계산식 중에서 어떤 부분을 가장 먼저 계산해야 할지 알려 줘요. 곱셈과 덧셈이 섞여 있는 계산의 경우 괄호가 어디에 있냐에 따라 전혀 다른 결과가 나와요.

$4 \times 2 + 3 =$

$4 \times 2 + 3$은 계산하는 방법에 따라 두 가지 답이 나와요. 이런 경우 괄호를 사용하면 어떤 방법으로 계산하면 되는지 분명해져요.

〈방법①〉
$(4 \times 2) + 3 = 8 + 3 = 11$ 괄호( ) 속의 연산을 먼저 한다.
〈방법②〉
$4 \times (2+3) = 4 \times 5 = 20$ 괄호( ) 속의 연산을 먼저 한다.

$16 \div 4 - 3 =$

〈방법①〉
$(16 \div 4) - 3 = 4 - 3 = 1$ 괄호( ) 속의 연산을 먼저 한다.
〈방법②〉
$16 \div (4-3) = 16 \div 1 = 16$ 괄호( ) 속의 연산을 먼저 한다.

단순한 혼합계산

단순한 혼합계산은 덧셈과 뺄셈처럼 두 가지 연산만 있는 계산을 말해요. 문제에 덧셈만 있거나 뺄셈만 있을 때에는 어떤 순서로 계산하여도 상관없어요.

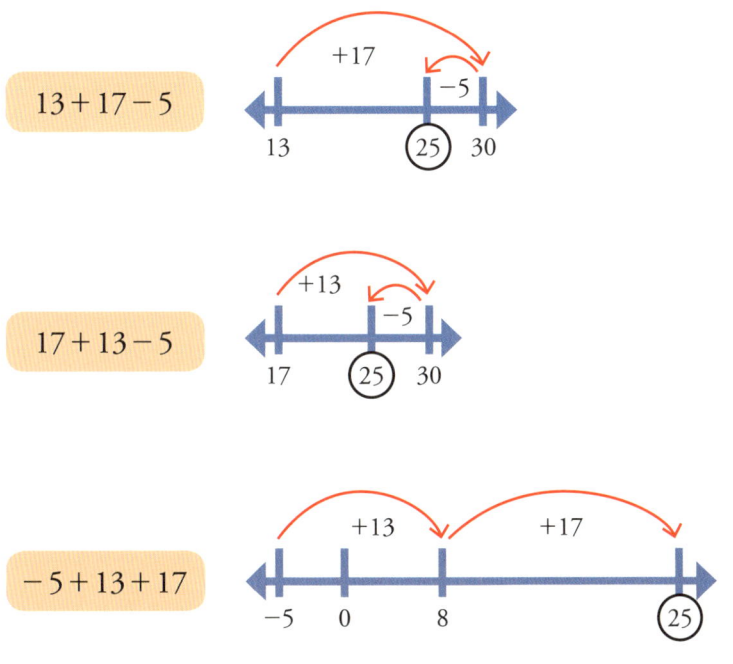

계산식 처음 숫자의 앞에 '-' 기호가 있으면
음수에서 시작하여 계산한다.

위의 세 가지 중 어떤 방법으로 계산하여도 답은 모두 25예요.
즉 17-5+13= -5+17+13=13+17-5=13-5+17이에요.

➡ 덧셈, 나눗셈, 곱셈, 수직선, 뺄셈

이어지는 혼합계산

덧셈과 뺄셈을 할 때 아무리 많은 수가 있어도 '−' 기호를 기호 뒤의 숫자와 함께 묶어 옮겨 주면 순서를 바꾸어도 상관이 없어요.

8−5+10+2−7, 10−5−7+2+8, −5+2+8−7+10은
모두 같은 답(8)이 나와요.

복잡한 혼합계산

덧셈과 뺄셈뿐만 아니라 곱셈과 나눗셈이 섞여 있는 복잡한 식은 순서를 잘 지켜서 계산해야 해요.
복잡한 혼합계산은 아래의 순서로 계산해요.

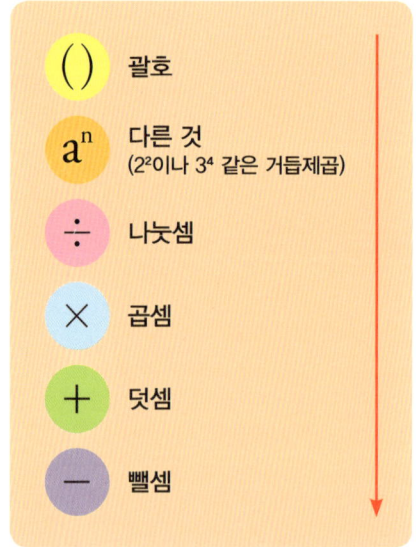

〈혼합계산 연습〉

$13 + 12 \times 3$

혼합계산에서는 덧셈보다 곱셈을 먼저 해야 해요.

$13+(12\times3)=13+36=49$

혼합계산의 규칙을 따르지 않으면 아래와 같이 전혀 다른 답이 나와요.

$(13+12)\times3=25\times3=75$

$28 - 14 \div 7 \times 3$

혼합계산 규칙에 따르면 나눗셈이나 곱셈을 한 뒤 뺄셈을 해야 해요.

$28-(14\div7)\times3$
$=28-(2\times3)$
$=28-6$
$=22$

혼합계산의 규칙을 따르지 않으면 아래와 같이 전혀 다른 답이 나와요.

$(28-14)\div7\times3$
$=(14\div7)\times3$
$=2\times3$
$=6$

➜ 덧셈, 나눗셈, 곱셈, 뺄셈

계산기 사용법

계산기에 있는 단추를 누르면 화면에 답이 나와요. 여기에서는 계산기에 많이 쓰이는 중요한 단추에는 무엇이 있는지 알아보고, 어떻게 사용하는지 알아보기로 해요.

계산기의 겉모습과 단추는 어떤 모델이냐에 따라 다르기 때문에 갖고 있는 계산기가 어떤 모델인지 잘 알아 두어야 해요.

숫자와 소수점

| 1 | 2 | 3 | 4 | 5 | 6 | 7 | 8 | 9 | 0 | . |

이 단추들은 계산기에서 숫자를 누를 때 쓰여요. 어떤 계산기는 답이 소수 자리까지 나오지 않더라도 자연수 뒤에 언제나 소수점을 붙여서 나타내기도 해요.

작동 단추 operation keys

| + | − | × | ÷ | 또는 | / |

이 단추들로 곱셈(×), 뺄셈(−), 덧셈(+), 나눗셈(÷, /)을 해요.

계산할 때 마지막에 누르면 화면에 답이 나오는 단추예요.
어떤 계산기에서는 마지막 계산을 반복하라는 뜻으로 쓰여요.

예를 들어 ③ + + = = … (또는 ③ + = = …은 계산기가 어떤 것이냐에 따라 다름.)은 3이 더해지면서 6, 9, 12, 15, 18…이 나와요.

이때 어떤 수로 계산하더라도 같은 식으로 답이 나와요.
③ + + 1 0 = = = … (또는 1 0 + 3 + = = …)을 하면 13, 16, 19…의 답이 나와요.

취소(cancel)의 약자

CE 와 C

이 단추를 누르기 전에 눌렀던 단추의 기능을 취소하거나 없애는 단추예요.
계산하는 중간에 잘못 눌렀다면 이 단추를 쓰면 돼요.

AC 와 ON 또는 C

입력한 숫자들을 모두 없애고 화면에 '0'을 보여 달라는 뜻이에요.
새로 계산을 하려면 시작하기 전에 이 버튼을 꼭 눌러야 해요.

√

제곱근을 구할 때 쓰는 단추예요. 예를 들어 81의 제곱근을 구할 때에는
8 1 √ 를 누르면 돼요.

%

퍼센트를 계산할 수 있는 단추예요.

A^{B/C}

분수 계산을 할 수 있는 단추예요.

어떤 계산기에는 'K' 단추가 있는데, 이 단추는 계산을 반복할 때 써요.

기억 단추 memory keys

기억 단추는 계산기에 저장시켜 두었다가 쓸 수 있는 단추예요.

|M+| 단추는 화면에 나오는 숫자를 계산기에 저장시키거나 저장해 놓은 수를 화면에 나오는 수에 더할 때 써요.

|M-| 단추는 저장해 놓았던 수에서 화면에 나오는 수를 빼라는 뜻이에요.

|CM| 또는 |MC| 단추는 저장했던 것을 지우라는 뜻이에요. 계산을 시작하기 전에는 꼭 이 단추를 눌러서 저장되어 있는 것을 지워야 해요.

|RM|, |MR|, |MRC| 단추는 저장되어 있던 수를 화면으로 불러내는 일을 하는 단추들이에요.

위의 기억 단추들을 이용하여 괄호가 있는 계산을 할 수 있어요.

$(12 \times 4) + (20 \div 5)$

❶ |1| |2| |×| |4| |=| 첫 번째 괄호를 계산해요.

❷ 48이라는 답이 화면에 나올 거예요. 그러면 |M+|를 눌러서 답을 저장해요.

❸ |2| |0| |÷| |5| |=| 두 번째 괄호를 계산해요.

❹ 답 4가 화면에 나올 거예요. 그런 다음 |+| |RM| |=|을 눌러서 저장해 놓았던 수에 더하면 화면에 결과 52가 나올 거예요.

계산기들이 모두 똑같이 작동되지는 않으므로, ❷와 ❸ 사이에 |CE|를 눌러야 할 수도 있어요.

|+/-|

양수를 음수로 바꾸어 주고 음수를 양수로 바꾸어 주는 단추예요. 예를 들어 −6은 |6| |+/-| 단추를 누르고, 양수로 바꾸려면 |+/-|를 다시 누르면 돼요.

음수 나타내기

화면에서 음수(-)의 위치는 계산기에 따라 달라요.
음수(-)는 숫자 바로 앞에 있거나 숫자 바로 뒤에 있기도 해요. 어떤 계산기에서는 화면 가장 왼쪽에 나타나기도 해요.
자신이 가지고 있는 계산기가 어떤지 알려면 5 +/- 단추를 눌러서 화면이 어떻게 바뀌는지 보면 돼요.

무한소수 계산하기

계산기에는 보통 숫자가 8자리까지만 나타나는데, 어떤 계산기는 8자리보다 더 많이 보여 주기도 해요. 예를 들어 1÷3을 하면 0.3333333이 나타나지만 실제 답은 3이 끝없이 나와요. 여기에 ×3을 누르면 어떤 계산기는 1이 나오지만 어떤 계산기는 0.9999999가 나와요.

어떤 계산기는 답이 무한히 나오면 5자리 이상은 반올림하여 나타내기도 하는데, 어떤 계산기는 8자리가 넘어가는 수는 버리기 때문에 더 작은 수가 나오기도 해요. 어떤 계산기는 2÷3을 했을 때 0.6666667이 나오는데 이것은 반올림을 했기 때문이에요. 여러분의 계산기는 어떤가요?

위 결과에 만약 '×3÷2='을 누르면, 1 또는 0.9999999가 나올 거예요.

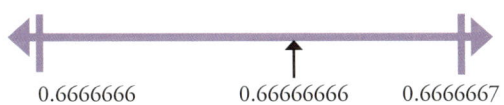

계산기에서는 0.66666666은 0.6666666보다 0.6666667에 더 가깝기 때문에 반올림을 하는 거예요.

➡ 덧셈, 소수, 나눗셈, 곱셈, 반올림, 뺄셈

규칙 상자

규칙 상자는 어떤 수를 집어넣었을 때 상자 안에서 숫자가 바뀌어 다른 수가 튀어나오는 상자를 말해요. 이때 규칙은 더하기 1처럼 간단한 규칙일 수도 있고, 순열이나 조합처럼 복잡한 식을 포함할 수도 있어요

나오는 수 찾기

어떤 문제는 들어가는 수와 규칙에 대한 것을 물어보기도 하고, 어떤 문제는 나오는 수를 물어보기도 해요.
나오는 수가 그 규칙에 맞는 수인지 계산하려면 아래와 같이 하면 돼요.

들어가는 수		규칙		나오는 수	결과
15	→	÷3	→	?	$15 \div 3 = 5$
6	→	×5	→	?	$6 \times 5 = 30$
7	→	×2−1	→	?	$(7 \times 2) - 1 = 13$
8	→	+4÷2	→	?	$(8+4) \div 2 = 6$

들어가는 수 찾기

들어가는 수를 계산하려면 다음과 같이 나오는 수에서부터 각 과정을 거꾸로 해 나가면 돼요.

들어가는 수	규칙	나오는 수	결과
?	÷3	5	5×3=15
?	×5	30	30÷5=6
?	×2−1	13	(13+1)÷2=7
?	+4÷2	6	(6×2)−4=8

규칙 찾기

들어가는 수와 나오는 수가 주어져 있다면 규칙을 찾아야 해요. 규칙을 찾으려면 들어가는 수가 어떤 규칙에 따라 변하여 나오는지 살펴보아야 해요.

들어가는 수	규칙	나오는 수
15	?	5

−10이거나 ÷3을 하는 규칙일 수도 있고, 다른 규칙일 수도 있다.

들어가는 수	규칙	나오는 수
15	÷?	5

나눗셈이라면 규칙은 반드시 ÷3이다.
15÷5를 해 보면 3이라는 것을 확인할 수 있다.

들어가는 수	규칙	나오는 수
6	×?	30

30÷6을 하면 규칙이 '×5'임을 확인할 수 있다.

들어가는 수	규칙	나오는 수
7	×?−?	19

7×1, 7×2는 19보다 작으므로, 7×3을 한다.
7×3=21이므로 2를 뺀다. 따라서 규칙은 '×3 −2'여야 한다.

→ 덧셈, 나눗셈, 곱셈, 뺄셈

방정식

방정식은 수학적 규칙을 찾는 것으로, 기호나 말을 사용하여 규칙을 나타내고 나타낸 규칙을 이해하는 것을 말해요. 규칙은 많은 상황에서도 언제나 적용되어야 하는데, 이것을 '일반화'라고 해요.

소의 다리 수를 계산할 때도 일반화를 이용할 수 있어요. 소가 몇 마리인지 구해서 4를 곱하면 돼요.

규칙 알아보기

우리는 자신도 알지 못하는 사이에 날마다 방정식을 쓰고 있어요. 아래 그림의 장난감 자동차 세트의 가격이 8000원이라고 할 때 방정식을 세울 수 있어요.

❶ 자동차 4대가 들어 있는 세트는 8000원이다.

❷ 자동차 4대는 8000원으로, 4대=8000원으로 나타낼 수 있다.

❸ 4대는 '4×대'와 같은 뜻이다. 일반적으로 방정식에서는 '×' 기호를 쓰지 않는데, 이는 문자 x와 헷갈리지 않기 위해서이다.

여기에서 자동차 한 대의 값을 아래와 같이 표를 그려서 구할 수 있어요.

자동차 대수	가격(원)	방정식
4	8000	
2	4000	8000÷2=4000
1	2000	4000÷2=2000

표를 보면 자동차 한 대 가격이 2000원이라는 것을 알 수 있어요.

상대방이 생각하고 있는 숫자 찾기

상대방이 생각하고 있는 숫자를 찾는 것도 방정식이에요.

〈숫자 찾기 방정식〉

❶ ? 　　　　　　　　상대방이 생각한 숫자를 ? 로 생각한다.
❷ 2×? 　　　　　　　❶에 두 배를 한다.
❸ 2×?×2=4×? 　　　❷에 다시 두 배를 한다.
❹ 4×?+?=5×? 　　　❸에 처음에 생각했던 수를 더한다.
❺ 5×?÷5=? 　　　　 ❹를 5로 나누면 처음에 생각했던 수가 나온다.

처음에 생각했던 수를 문자 'n'으로 나타내 보면 다음과 같은 식을 세울 수 있어요.

$$\frac{(2 \times n \times 2)+n}{5} = \frac{4n+n}{5} = \frac{5n}{5} = n$$

— 4n은 4×n이라는 뜻이다.
— 이 줄은 나눈다는 뜻이다.

내가 생각한 수는 얼마일까?

내가 생각한 수가 얼마인지 찾는 것도 방정식이에요.

〈내가 생각한 수를 찾는 방정식〉

❶ ?　　　　　　　　　하나의 숫자를 생각한다.
❷ ? -1　　　　　　　❶에서 1을 뺀다.
❸ (? -1)×3　　　　　❷에 3을 곱한다.
❹ (? -1)×3=15　　　❸의 계산 결과 15가 나왔다. 내가 생각했던 수는 얼마일까?
❺ (15÷3)+1= ?　　　❹를 거꾸로 계산하면 처음에 생각했던 수를 알 수 있다.
❻ (15÷3)=5　　　　　❺에서 (15÷3)을 먼저 계산한다.
❼ 5+1=6　　　　　　❺의 '+1'을 ❻에 더한다.

위와 같은 방법으로 계산하면 내가 생각한 수는 6이라는 것을 알 수 있어요. 처음에 생각했던 숫자는 아래와 같이 'n'으로 나타낼 수 있어요.

$(n-1)\times3=15$

수열 patterns in sequences

방정식을 이용하여 수열 문제를 해결할 수 있어요.
수열에서 850번째 항은 어떻게 구할수 있을까요? 항을 하나하나 쓰면서 구하려면 무척 오래 걸릴 거예요. 그래서 각 항이 어떻게 변하는지 항 사이의 규칙을 찾아야 해요.
규칙을 찾으면 그 식에 850을 넣어 850번째 항을 구할 수 있어요.
이것을 n번째 항이라고 해요. 문자 n은 어떤 숫자 대신 쓰인 거예요.
어떤 짝수 수열에서 몇 개의 항이 나와 있을 때, 이 수열의 n번째 항은 '2n'이라고 쓸 수 있어요.

1	2	3	4	5	100
2	4	6	8	10	?

제1항: 2×1=2   제2항: 2×2=4
제3항: 2×3=6   제4항: 2×4=8
제5항: 2×5=10   제100항: 2×100=200

홀수 수열에서 몇 개의 항이 나와 있을 때 홀수는 n번째 항이 2n−1이에요.

1	2	3	4	5	100
1	3	5	7	9	?

제1항: 2×1−1=1   제2항: 2×2−1=3
제3항: 2×3−1=5   제4항: 2×4−1=7
제5항: 2×5−1=9   제100항: 2×100−1=199

➔ 항

공식 formulas

숫자들 사이의 관계를 식으로 나타낼 때 공식을 사용할 수 있어요. 아래 그림에서 보라색 정사각형과 파란색 정사각형은 일정한 규칙을 갖고 있어요. 그러면 10번째는 어떤 모양이 될까요? 또 p번째는 어떤 모양이 될까요?

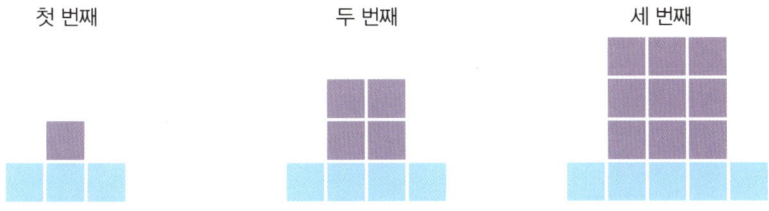

첫 번째　　　두 번째　　　세 번째

〈보라색 정사각형〉

첫 번째 1개, 두 번째 4개, 세 번째 9개로 정사각형이 제곱수로 늘어나고 있으므로, 10번째는 보라색 정사각형이 100개가 될 것이고, p번째는 p×p 또는 p^2개가 될 거예요.

따라서 보라색 정사각형의 개수를 찾는 규칙을 다음과 같이 식으로 나타낼 수 있어요.

> 보라색 정사각형 = p^2

〈파란색 정사각형〉

첫 번째 3개, 두 번째 4개, 세 번째 5개로 언제나 순서를 나타내는 수보다 2 큰 수가 나오므로, 10번째에는 12개의 파란색 정사각형이 나오고, p번째에는 p+2개의 정사각형이 나올 거예요.

따라서 파란색 정사각형의 개수를 찾는 규칙을 다음과 같이 식으로 나타낼 수 있어요.

> 파란색 정사각형 = p+2

평면도형과 공간도형 용어

종이 위에 찍힌 점부터 높은 빌딩까지 우리 주위에 있는 모든 것들은 평면도형과 공간도형으로 나타낼 수 있어요. 여기에서는 도형을 나타낼 때 쓰는 용어를 알아보기로 해요.

점 point

수학에서 점은 위치를 알려 주는 것으로 길이, 너비, 두께, 부피가 없는 도형이에요. 그림에서 점을 찍거나 가위표를 하는 것도 점과 같은 역할을 하는 거예요.

점의 위치는 좌표로 나타내요. 쓸 때는 그림처럼 ㄱ, ㄴ이라고 위치를 표시하고 읽을 때는 '점ㄱ(점 기역)', '점ㄴ(점 니은)'으로 읽어요.

•　　　•
ㄱ(점ㄱ)　ㄴ(점ㄴ)

아래 그림과 같이 선과 선 또는 선과 면이 만나서 생기는 점을 '교점'이라고 해요.

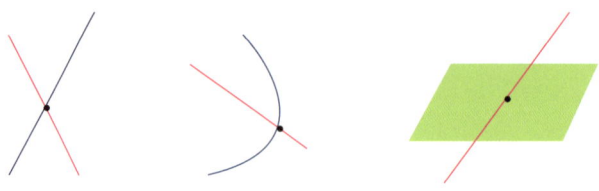

또한 점이 움직인 자리를 '선', 선이 움직인 자리를 '면'이라고 부르며, 면과 면이 만나서 생기는 선을 '교선'이라고 해요.

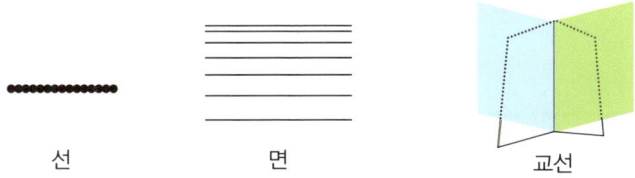

직선과 선분 lines and line segments

선분은 직선 위에 있는 두 점 사이의 거리를 말해요. 수학에서 직선은 양 끝으로 무한히 뻗어 나가는 곧은 선을 말해요.
직선은 끝이 없어서 길이를 알 수 없지만 선분은 길이를 알 수 있어요.

보라색 선분은 더 긴 초록색 직선의 일부분이에요.
직선 끝부분에 있는 화살표는 직선이 끝없이 뻗어 나간다는 것을 뜻해요.
덧붙여 아래 첫 번째 그림처럼 점 A에서 시작하여 점 B의 방향으로 뻗은 직선의 일부분을 '반직선'이라고 해요.

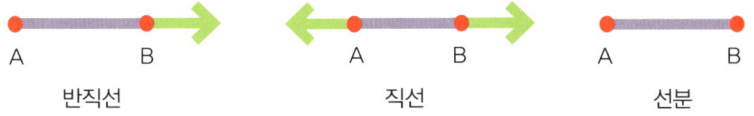

각 angles

한 점에서 그은 두 개의 반직선으로 이루어진 도형

각도는 두 반직선 사이가 얼마나 벌어졌는지를 말해요.
각을 잴 때는 '도(°)'라는 단위를 써요.

평행선 parallel lines

평행선은 두 개 이상의 선이 같은 거리만큼 떨어져 있어서 아무리 늘여도 절대 만나지 않는 선을 말해요.

이 직선들은 서로 평행하다.

그림에서 이런 화살표 기호가 있으면
직선이 평행하다는 뜻이다.

평행선은 직선일 수도 있고, 곡선일 수도 있다.

수직 perpendicular lines

두 직선이 직각으로 만날 때, 두 면이 직각으로 만날 때

직선이 수직이라는 것은 두 직선이 이루는 각이 직각이라는 뜻과 같아요. 직선은 뻗어 나가므로 서로 만나지 않더라도 수직이 될 수 있어요.

〈서로 수직인 직선들〉

보라색 직선은 연두색 직선에 수직이고, 연두색 직선은 보라색 직선에 수직이에요.

〈평행선 사이의 거리〉

평행선 사이의 선분 중에서는 수직인 선분의 길이가 가장 짧고, 그 선분의 길이는 모두 같아요.

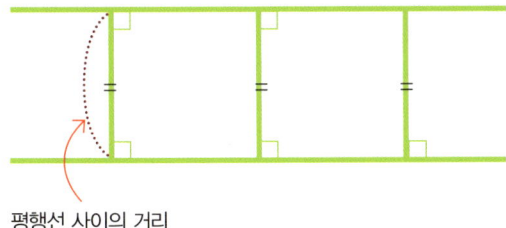

평행선 사이의 거리

대칭 symmetry

한 점이나 한 직선, 한 면을 사이에 두고 같은 거리에서 마주 보고 있는 경우

도형을 반으로 가르거나 돌려서 처음의 도형과 일치하면 대칭이라고 해요.

➜ 선대칭, 대칭축

각은 한 점에서 만나는 두 직선이 벌어져 있는 정도를 말해요. 또한 각의 크기는 한 직선이 다른 직선에서 출발하여 회전한 양을 말해요. 이때 각의 두 직선을 변이라고 해요.

각 angles

한 점에서 그은 두 개의 직선으로 이루어진 도형

각을 읽을 때에는 각의 변 위에 있는 점과 각의 꼭지점을 연결하여 '각 ㄱㄴㄷ' 이라고 읽거나, 간단히 '각 ㄴ' 이라고 읽기도 해요.
또한 각을 나타내는 기호(∠)를 사용하여 ∠ㄱㄴㄷ, ∠ㄴ이라고 표시하기도 해요.

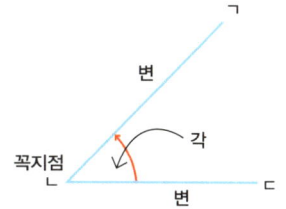

각도 degrees

각의 크기

각의 크기를 각도라고 해요. 각도의 단위로는 °(도)를 사용해요.

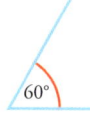 이 각의 각도는 60°(60도)이다.

 이 각의 각도는 30°(30도)이다.

각의 크기는 숫자로 나타낼 수도 있어요.

〈한 바퀴 360° full turns〉
직선이 360도를 돌려서 완전한 원 모양을
이룰 때를 한 바퀴라고 해요.
한 바퀴를 360°라고 정한 것은, 지구가 태양
둘레를 한 바퀴 도는 데 360일이 걸렸다고
생각했기 때문이에요.

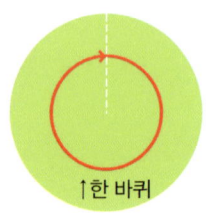

〈평각 180° straight angles〉
반 바퀴, 또는 180°를 돌렸을 때를 평각이라고 해요.

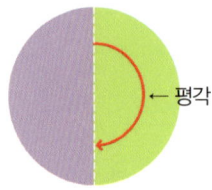

〈직각 90° right angles〉
360°의 $\frac{1}{4}$인 90°를 직각이라고 해요.

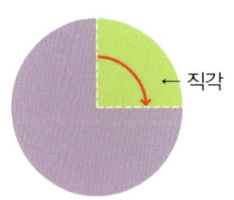

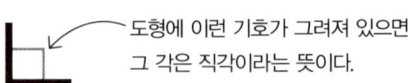
도형에 이런 기호가 그려져 있으면
그 각은 직각이라는 뜻이다.

〈예각 acute angles〉
직각(90°)보다 작은 각을 예각이라고 해요.

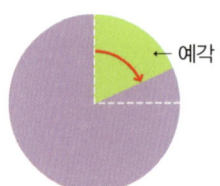

〈둔각 obtuse angles〉

직각(90°)보다 크고 평각(180°)보다 작은 각을 둔각이라고 해요.

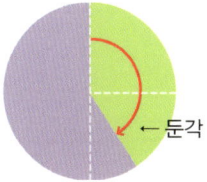
←둔각

〈우각 reflex angles〉

평각(180°)보다 큰 각을 우각이라고 해요.

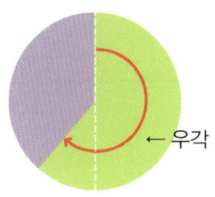
←우각

각도 예상하기

각이 직각보다 큰지 작은지 알아보려면 종이의 모서리 부분을 찢어서 각에 대어 보면 돼요.

직각보다 크다. 직각보다 작다.

종이의 모서리를 반으로 접으면 45°(45도)를 잴 수 있어요.

45°보다 크다. 45°보다 작다.

30도는 아래와 같이 종이의 모서리 부분을 세 번 접으면 돼요.

30°보다 크다.   30°보다 작다.

➜ 각, 각도

각도기 사용법

각을 그리거나 잴 때 각도기를 사용해요.

〈각도기 사용 방법〉
❶ 각도기의 중심을 각의 꼭짓점에 맞춘다.
❷ 각도기의 밑금을 각의 한 변에 맞춘다.
❸ 0°에서 시작하는 방향을 따라가다 다른 한 변이 닿은 곳의 눈금을 읽는다.

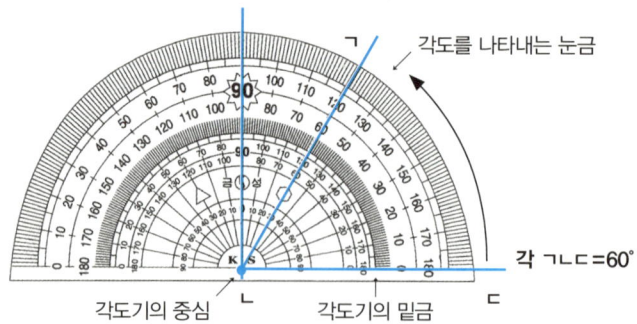

삼각자

직각삼각형 모양으로 된 삼각자를 이용하면 90°, 60°, 45°, 30°를 쉽게 잴 수 있어요.

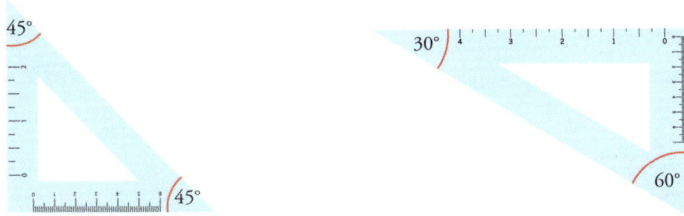

90°와 45°로 이루어진 삼각자

90°, 30°, 60°로 이루어진 삼각자

〈삼각자를 이용하여 각을 그리는 방법〉

❶ 자를 대고 직선을 한 개 긋는다.

❷ 삼각자에서 그리고 싶은 각이 있는 부분을 자에 갖다 대고, 삼각자를 따라 그린다.

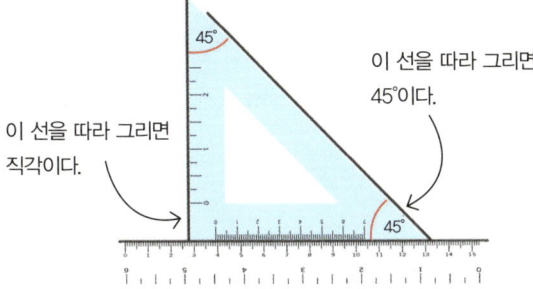

➡ 각, 각도 예상하기

각도 계산하기

주어진 정보를 이용하여 각도를 계산해야 할 때가 있는데, 그런 경우에 아래 내용을 기억해 두면 편리하게 활용할 수 있어요.

〈직선 위에 있는 각〉

직선 위에 있는 두 각의 합은 언제나 180°예요.

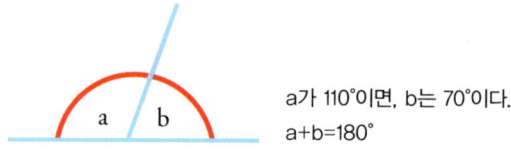

a가 110°이면, b는 70°이다.
a+b=180°

〈수선〉

수선은 언제나 90°로 만나요.

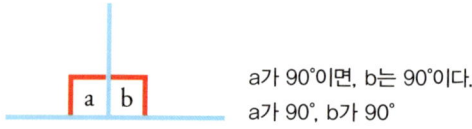

a가 90°이면, b는 90°이다.
a가 90°, b가 90°

〈맞꼭지각〉

맞꼭지각은 두 직선이 만나서 생기는 각으로 꼭짓점이 맞닿아 있고, 두 각의 크기가 같아요.

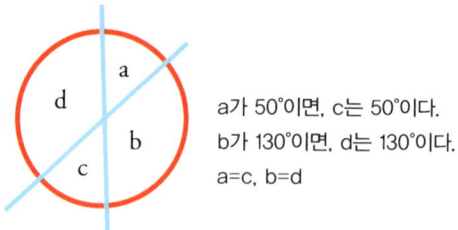

a가 50°이면, c는 50°이다.
b가 130°이면, d는 130°이다.
a=c, b=d

〈한 점에서 만나는 각〉

한 점에서 각이 만날 때 각의 크기를 모두 더하면 언제나 360°이다.

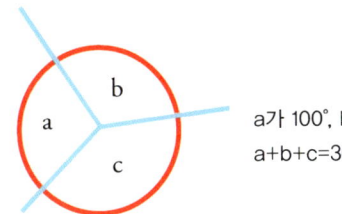

a가 100°, b가 115°이면 c는 145°이다.
a+b+c=360°

〈도형의 내각〉

도형의 내부에 있는 각을 내각이라고 해요.
삼각형의 내각을 모두 더하면 180°예요.

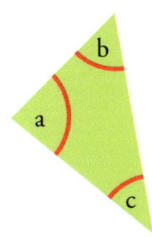

a=60°, b=66°이면, c=54°이다.
a+b+c=180°

삼각형의 꼭짓점 부분을 찢어서 모으면 직선 위에 모여요.
삼각형의 세 각을 더하면 180°라는 것을 알 수 있어요.

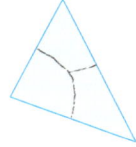 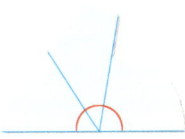

〈사각형의 내각〉

사각형의 내각의 합은 360°예요.

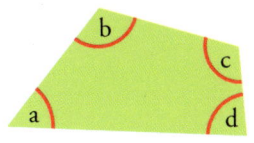

a=47°, b=120°이고, c=107°이면,
d=86°이다.
a+b+c+d=360°

사각형의 내각의 합이 360°라는 것은 각 꼭짓점 부분을 찢어서 쉽게 확인해 볼 수 있어요.

찢어진 조각들을 모아서 붙여 보면 아래 그림과 같이 한 점에서 모여요.

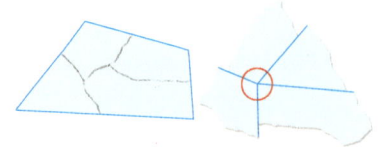

아, 그러니까 삼각형의 내각의 합은 180°, 사각형의 내각의 합은 360°구나!

➜ 다각형

평면도형
(2차원 도형)

종이나 카드 위에 그린 그림을 2차원 도형, 또는 2D 도형이라고 해요. 2차원이란 길이나 너비는 있지만 두께는 없다는 뜻이에요. 2D 도형은 다른 말로 평면도형이라고 해요.

평면도형은 곧은 선이나 구부러진 선 또는 두 가지를 함께 써서 나타낸 도형이에요.

▲ 여러 가지 평면도형

다각형 polygons

3개 이상의 선분 또는 3개 이상의 변으로만 둘러싸인 도형

곧은 선으로 이루어진 도형을 다각형이라고 해요. 이러한 다각형의 종류는 다양해요. 다각형이 같은 종류인지 아닌지는 변의 개수나 각의 개수로 알 수 있어요. 다음에서 다각형에서 알아야 하는 용어들을 몇 가지 살펴보아요.

〈꼭짓점 vertices〉

다각형에서 두 변이 만나는 점을 꼭짓점이라고 해요.

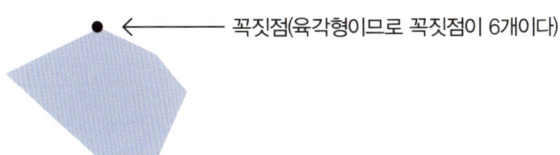

꼭짓점(육각형이므로 꼭짓점이 6개이다)

〈변 sides〉

다각형을 이루는 선분, 각을 이루는 선분으로, 도형의 두 꼭짓점 사이의 선을 말해요.

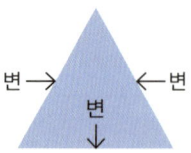

삼각형은 변이 세 개이다.

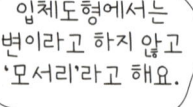

입체도형에서는 변이라고 하지 않고 '모서리'라고 해요.

〈내각 included angles〉

다각형 안쪽에 있는 각을 내각이라고 하며, 내각과 외각의 합은 180°예요.

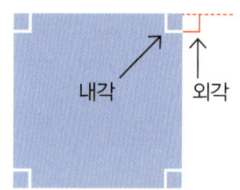

정사각형의 내각은 모두 직각(90°)이다.

정다각형의 내각의 크기는 아래 표와 같아요.

구분	정삼각형	정사각형	정오각형	정육각형	정팔각형	정 n각형
삼각형 수	1	2	3	4	6	n−2
내각의 합	180°	360°	540°	720°	1080°	(n−2)×180°

〈대각선 diagonals〉

대각선이란 다각형에서 서로 이웃하지 않는 꼭짓점을 이은 선을 말해요. 대각선은 다각형의 안쪽에 있을 수도 있고, 바깥쪽에 있을 수도 있어요.

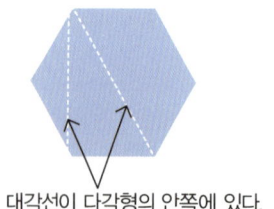

대각선이 다각형의 안쪽에 있다.

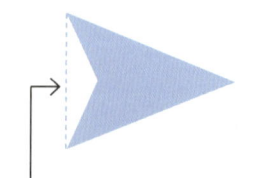

대각선이 다각형의 바깥쪽에 있다.

➜ 각, 수직

정다각형 regular polygons

모든 변의 길이가 같고, 모든 각의 크기가 같은 다각형

정다각형은 변의 길이도 모두 같고, 각의 크기도 모두 같은 다각형이에요. 아래에 있는 도형들은 모두 정다각형이에요.

정삼각형

정사각형

정오각형

정육각형

많이 나오는 다각형

다음은 자주 쓰이는 다각형으로 모두 정다각형이에요. 불규칙다각형은 변과 각의 개수는 정다각형과 같지만 변의 길이와 각의 크기는 같지 않아요.

 정삼각형은 변과 각이 3개이다.

 정사각형은 변과 각이 4개이다.

 정오각형은 변과 각이 5개이다.

 정육각형은 변과 각이 6개이다.

 정칠각형은 변과 각이 7개이다.

 정팔각형은 변과 각이 8개이다.

 정구각형은 변과 각이 9개이다.

 정십각형은 변과 각이 10개이다.

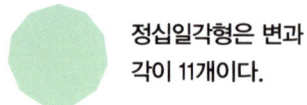 정십일각형은 변과 각이 11개이다.

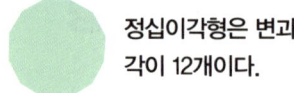 정십이각형은 변과 각이 12개이다.

➜ 각, 다각형, 변

불규칙 다각형 irregular polygons

변의 길이, 각의 크기가 같지 않은 다각형

불규칙 다각형은 다음과 같이 변의 길이, 각의 크기가 같지 않은 다각형을 말해요.

불규칙 삼각형   불규칙 사각형   불규칙 오각형   불규칙 육각형

등각다각형 equiangular polygons

각의 크기가 모두 같은 다각형을 등각다각형이라고 해요.

등변다각형 equilateral polygons

변의 길이가 모두 같은 다각형을 등변다각형이라고 해요.
이 도형은 마름모이고, 등변다각형이에요.

볼록다각형 convex polygons

볼록다각형에서 내각은 모두 180°보다 작아요.
볼록다각형의 내각은 모두 둔각(90°보다 크고
180°보다 작음) 또는 직각이에요.

오목다각형 concave polygons

오목다각형은 적어도 한 내각이 180°보다 커요.
이 다각형은 한 내각이 180°보다 크기 때문에
오목다각형이에요.

➔ 각, 각도

다각형의 이름

다각형은 변의 개수와 각의 개수에 따라 이름이 달라요. 다각형 이름을 쓸 때 앞부분은 수를 세는 말에서 따온 거예요. 또한 다각형은 대부분 영어로 '-gon'으로 끝나는데, 이것은 그리스어로 각을 뜻해요.

〈다각형의 이름〉

낱말	언어	숫자
tri	그리스어	3
quad	라틴어	4
tetra	그리스어	4
penta	그리스어	5
hexa	그리스어	6
hepta	그리스어	7
septa	라틴어	7
octa	그리스어, 라틴어	8
nona	그리스어	9
deca	그리스어	10
hendeca	그리스어	11
dodeca	그리스어	12
icosa	그리스어	20

➜ 각, 다각형, 변

삼각형 triangles

3개의 선분으로 둘러싸인 도형

삼각형은 변이 세 개이고 각도 세 개인 도형이에요. 변과 변이 만나는 점을 꼭 짓점이라 하고, 아래쪽에 있는 변을 밑변이라고 해요.

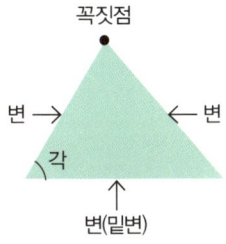

삼각형에는 아래와 같이 여러 종류가 있어요.

〈 직각삼각형 right-angled triangles 〉

한 각이 직각인 삼각형으로, 90°인 각이 한 개 있어요.

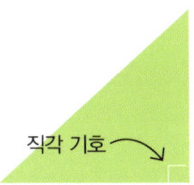

〈 정삼각형 equilateral triangles 〉

정삼각형은 세 각이 모두 크기가 같고, 세 변의 길이가 모두 같아요.

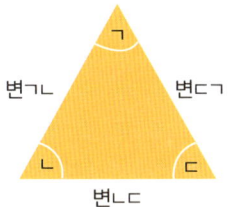

삼각형의 세 각의 합은 180°이고,
정삼각형은 세 각의 크기가 모두 같으므로,
각은 모두 60°이다.
또한 변ㄱㄴ, 변ㄴㄷ 변ㄷㄱ의 길이는 모두 같다.

〈이등변삼각형 isoceles triangles〉

이등변삼각형은 두 각의 크기가 같고, 두 변의 길이가 같아요. 이등변삼각형의 두 밑각인 각 ㄱ과 각 ㄴ은 크기가 같고, 두 변의 길이가 같아요.

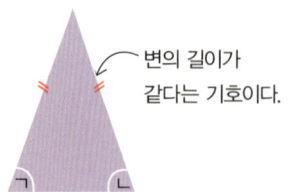

변의 길이가 같다는 기호이다.

직각삼각형인 이등변삼각형

〈부등변삼각형 scalene triangles〉

부등변삼각형은 길이가 같은 변이나 각이 하나도 없는 삼각형을 말해요.

모든 변의 길이와
모든 각의 크기가 다르다.

직각삼각형인 부등변삼각형

〈둔각삼각형 obtuse triangle〉

삼각형의 한 내각의 크기가 90도보다 큰 삼각형을 말해요.

〈예각삼각형 acute triangle〉

세 각의 크기가 모두 90도보다 작은 삼각형을 말해요.

➜ 각, 수직, 변

사각형 quadrilaterals

4개의 선분으로 둘러싸인 도형

영어의 'quad'는 라틴어로 '넷'이라는 뜻이에요. 그래서 사각형은 변이 네 개이고, 각도 네 개인 도형이에요.
그럼 중요하게 다루어지는 사각형을 살펴볼까요?

〈사다리꼴 trapeziums〉

사다리꼴은 마주 보는 한 쌍의 변이 평행한 사각형이에요.

화살표는 변ㄱㄹ과 변ㄴㄷ이 평행하다는 뜻이다.

〈평행사변형 parallelograms〉

평행사변형은 서로 마주 보는 변의 길이가 같고 평행해요. 그리고 마주 보는 각의 크기도 같아요.

변ㄱㄹ과 변ㄴㄷ은 서로 길이가 같고 평행하고,
변ㄱㄴ과 변ㄹㄷ도 길이가 같고 평행해요.
평행사변형에서는 마주 보는 각의 크기는 같아요(각ㄱ=각ㄷ, 각ㄴ=각ㄹ).

⟨직사각형 rectangles⟩

직사각형은 두 쌍의 변의 길이가 같고, 각이 모두 직각이에요. 직사각형은 평행사변형의 한 종류라고 할 수 있어요.

직사각형에서 두 대각선은 길이가 같고 중점에서 서로 만나요.

변ㄱㄴ과 변ㄹㄷ의 길이가 같고, 변ㄱㄹ과 변ㄴㄷ의 길이가 같아요. 그리고 각은 모두 직각이에요.

⟨정사각형 squares⟩

정사각형은 직사각형의 특별한 형태라고 할 수 있어요. 정사각형은 변의 길이가 모두 같고 네 각이 모두 직각인 도형이에요.

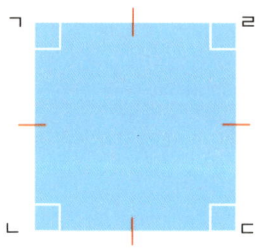

변ㄱㄴ=변ㄴㄷ=변ㄷㄹ=변ㄹㄱ이고, 각은 모두 90°이다.

정사각형에서 마주 보는 변은 서로 평행하며 대각선은 서로 길이가 같아요.

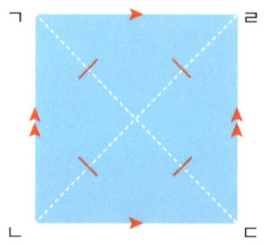

변ㄱㄴ과 변ㄹㄷ은 서로 평행하고, 변ㄱㄹ과 변ㄴㄷ도 서로 평행하다.

정사각형을 대각선을 따라 반으로 자르면 두 개의 직각이등변삼각형이 만들어져요.

〈마름모 rhombuses〉

마름모는 네 변의 길이가 모두 같고 마주 보는 변이 서로 평행하고 대각선끼리 서로 수직으로 만나요.

변ㄱㄴ과 변ㄹㄷ은 평행하고, 변ㄱㄹ과 변ㄴㄷ도 평행해요. 또한 마주 보는 각의 크기는 같아요(각ㄱ=각ㄷ, 각ㄴ=각ㄹ).

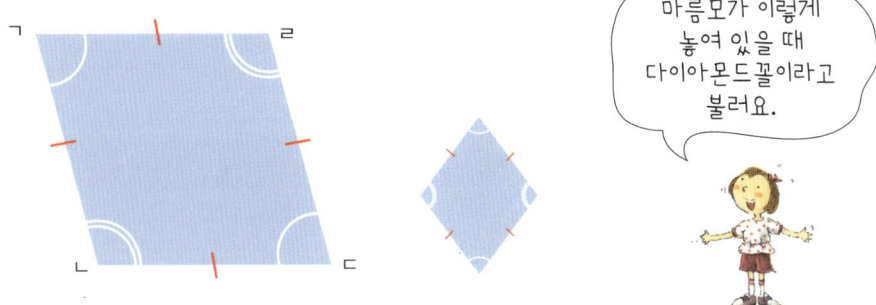

마름모가 이렇게 놓여 있을 때 다이아몬드꼴이라고 불러요.

〈연꼴 kites〉

연꼴은 서로 이웃한 두 변의 길이가 같아요. 이웃한다는 것은 옆에 있다는 것을 뜻해요.

연꼴의 사각형에서는 마주 보는 한 쌍의 각의 크기가 같아요.

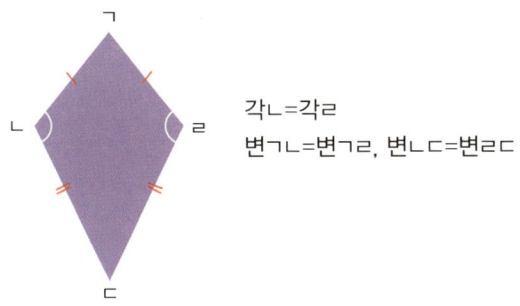

각ㄴ=각ㄹ
변ㄱㄴ=변ㄱㄹ, 변ㄴㄷ=변ㄹㄷ

〈화살촉꼴 arrowheads〉

연꼴처럼 화살촉꼴도 두 쌍의 이웃하는 변의 길이가 같아요. 또한 내각 중 하나는 180°보다 커요.

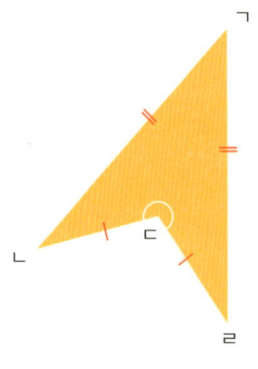

변ㄱㄴ=변ㄱㄹ, 변ㄴㄷ=변ㄹㄷ
변ㄴㄷ과 변ㄷㄹ 사이에 있는 각은
180°보다 더 크다.

➜ 다각형, 평행선

사각형의 포함 관계

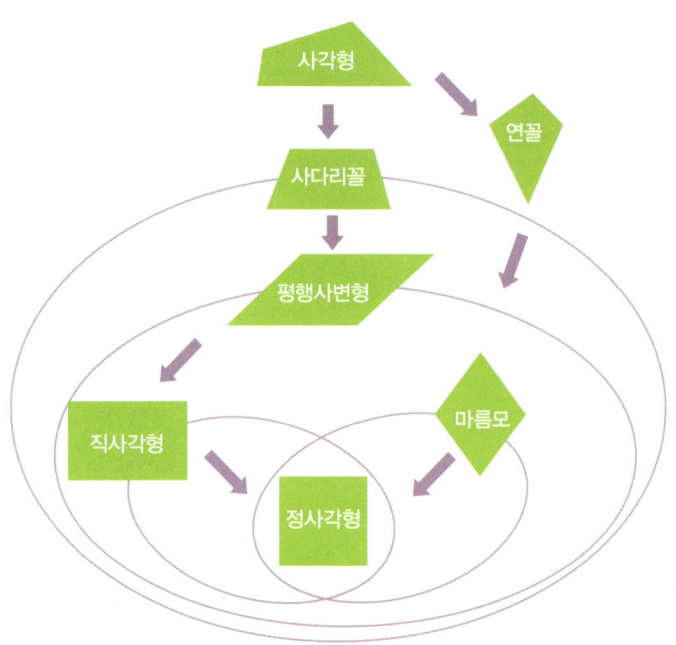

원 circles

한 점에서 일정한 거리에 있는 점들을 이어서 만든 도형

원은 곡선으로 이루어진 평면도형이에요.
원 위의 점은 모두 원의 중심에서 같은 거리만큼 떨어져 있어요.

〈원의 각 부분을 나타내는 용어〉

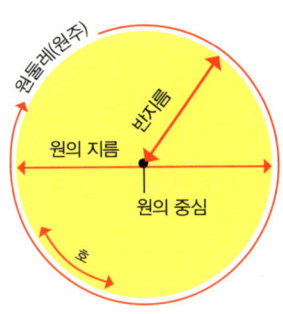

컴퍼스를 사용해서 한 끝점을 고정시킨 채 다른 한 끝점을 한 바퀴 돌리면 원을 그릴 수 있어요.

- **반지름** radius

  원의 중심에서 원둘레까지의 직선으로, 지름의 반이에요.

- **지름** diameters

  원 위의 두 점을 이은 선이 원의 중심을 지날 때, 이 선을 지름이라고 해요.
  지름은 반지름의 두 배예요.

- **원둘레** circumferences (=원주)

  원의 가장자리를 둘러싸고 있는 선의 길이예요.

- **호** arcs

  원 둘레의 일부분이에요.

〈반원 semicircles〉

반원은 원의 반이에요.

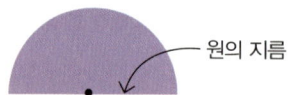

〈사분원 quadrants〉

원의 사분의 일을 사분원이라고 해요.

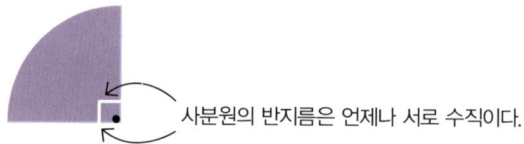

〈부채꼴 sectors〉

부채꼴은 호와 반지름 2개로 이루어진 원의 일부분이에요.

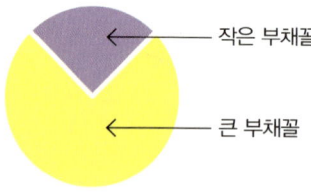

〈현과 활꼴〉

• 현 chords

원 위의 서로 다른 두 점을 이은 선분이에요. 지름은 선분이 원의 중심을 지나지만 현은 원의 중심을 지나지 않아요.
지름은 현 중에서 가장 긴 현이에요.

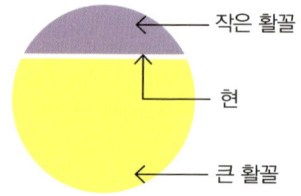

• 활꼴 segments

현과 호로 이루어진 원의 일부분을 활꼴이라고 해요.

〈**동심원** concentric circles 〉

크기는 다르지만 중심이 같은 원을 동심원이라고 해요.

중심이 같은 동심원

➜ 점

타원 ellipses

타원은 원을 찌그러뜨리거나 납작하게 만든 도형이에요. 그러므로 타원의 둘레에 있는 점에서 중심까지의 거리는 각기 달라요.

또한 타원은 원뿔을 평면으로 자르면 생기는 도형이에요. 그리는 방법은 원과 달리 거리를 두고 두 개의 못을 박고 두 못과 연필에 고리를 걸고 고리를 팽팽하게 당기며 한 바퀴 돌리면 타원을 그릴 수 있어요.

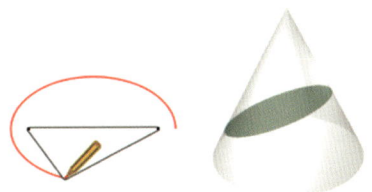

파이 pi

파이는 원의 둘레를 구하는 데 쓰는 특별한 숫자예요. 파이의 기호는 π예요. 파이는 무한 소수이고 계산할 때는 3.14를 써요.

원둘레를 구하려면 원의 지름에 π를 곱하면 돼요. 원의 지름이 10cm라면 둘레는 3.14×10=31.4cm예요.

세계 각국의 수학 협회에서는 3월 14일 1시 59분을 원주율을 기념하기 위한 파이의 날(Pi Day)로 정해 기념행사를 열어요.

원과 호 그리기

원이나 호를 그리는 가장 간단한 방법은 병뚜껑이나 접시를 놓고 그대로 본을 뜨는 거예요. 또한 원을 그릴 때에는 아래와 같이 컴퍼스를 이용할 수도 있어요.

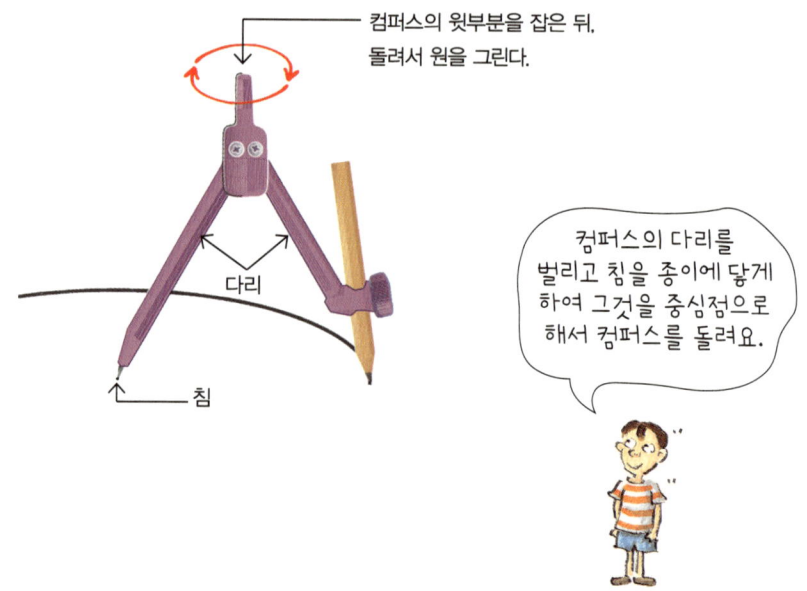

무늬 만들기 (테셀레이션)

도형을 빈자리가 없도록 일정한 규칙에 맞춰 여러 개 이어서 무늬를 만들 수 있어요. 이것을 쪽매맞춤(테셀레이션)이라고도 해요. 무늬 만들기를 할 수 있는 도형은 많지만, 만들 수 없는 도형도 있어요.

다각형을 이용한 무늬 만들기

정사각형으로 만든 무늬

사각형으로 만든 무늬

원으로는 빈틈이 생기지 않는 무늬를 만들 수 없다.

정다각형 무늬 만들기 (정규 테셀레이션)

정다각형 무늬 만들기는 한 종류의 정다각형만을 사용하여 만든 거예요. 정다각형 무늬 만들기는 정삼각형, 정사각형, 정육각형을 사용하여 딱 세 개만 만들 수 있어요.

정삼각형

정사각형

정육각형

준정다각형 무늬 만들기 (준정규 테셀레이션)

아르키메데스 테셀레이션이라고도 부르는 준정다각형 무늬 만들기는 두 종류 이상의 정다각형을 사용하여 만든 것을 말해요. 정삼각형, 정사각형, 정팔각형, 정십이각형을 이용하여 여덟 개를 만들 수 있어요.

한 꼭짓점에 정사각형, 정팔각형이 모인 무늬를 기호로 (4,8,8)로 적습니다.

정팔각형, 정사각형
(4,8,8)

정십이각형, 정삼각형
(3,12,12)

정육각형, 정삼각형
(3,3,3,3,6)

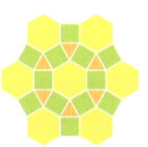

정육각형, 정사각형, 정삼각형
(3,4,6,4)

정육각형, 정삼각형
(3,6,3,6)

정육각형, 정사각형, 정십이각형
(4,6,12)

정사각형, 정삼각형
(3,3,4,3,4)

정사각형, 정삼각형
(3,3,3,4,4)

➜ 정다각형

입체도형

입체도형(3차원 도형, 3D 도형)은 길이, 폭, 두께를 가지고 있는 도형을 말해요. 이때 볼록하거나 움푹한 것 등의 모양이나 크고 작음 같은 크기는 관계가 없어요.

입체도형 관련 용어

책은 길이와 너비, 두께를 가지고 있으므로 입체도형이에요.

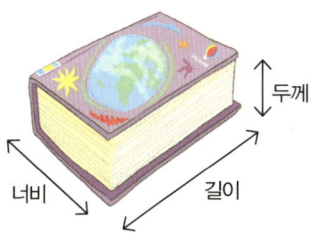

〈면 faces〉

입체도형을 둘러싸고 있는 부분을 면이라고 해요.
면은 평평하거나 구부러져 있어요.

정육면체는 평면으로
이루어져 있다.

구의 면은 구부러져
있는 곡면이다.

〈모서리 edges〉

입체도형에서 면과 면이 만나는 선분을 모서리라고 해요.

〈꼭짓점 vertices〉

세 개나 그 이상의 면이 만나면 꼭짓점이 생겨요.
입체도형의 뿔 모양에서 꼭대기에 있는 꼭짓점을 '각뿔의 꼭짓점'
이라고 해요.

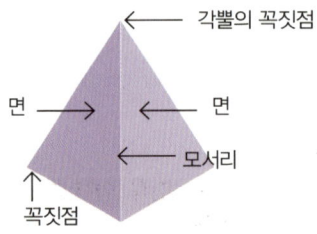

〈횡단면 cross sections〉

횡단면은 입체도형을 통과하면서 가로로 자른 면을 말해요.

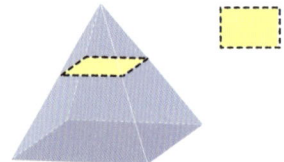

정사각뿔의 횡단면은
정사각형이다.

다면체 polyhedrons

다각형인 면으로 둘러싸인 입체도형

이름	면의 수	이름	면의 수
사면체	4	오면체	5
육면체	6	칠면체	7
팔면체	8	구면체	9
십면체	10	십이면체	12
이십면체	20		

〈정다면체 regular polyhedrons〉

정다면체의 면은 모두 같은 크기, 같은 모양의 정다각형이에요. 예를 들어 정육면체의 면은 모두 정사각형이에요.

정다면체는 아래의 다섯 가지가 있어요.

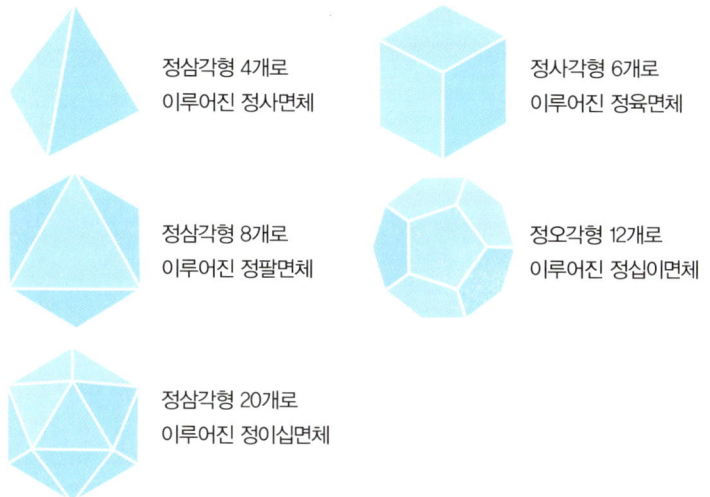

정삼각형 4개로 이루어진 정사면체

정사각형 6개로 이루어진 정육면체

정삼각형 8개로 이루어진 정팔면체

정오각형 12개로 이루어진 정십이면체

정삼각형 20개로 이루어진 정이십면체

〈준정다면체 semi-regular polyhedrons〉

준정다면체의 면은 두 종류 이상의 정다각형으로 이루어져 있어요. 십이이십면체는 면이 32개인 준정다면체로, 면 20개는 정삼각형이고 나머지 12개는 오각형이에요.

〈오일러 다면체 정리〉

다면체의 꼭짓점, 모서리, 면의 개수에 관한 공식으로, 꼭짓점의 수를 v, 모서리의 개수를 e, 면의 개수를 f로 표시해요.

$$v - e + f = 2$$

각뿔 pyramids

밑면이 다각형이고 옆면이 모두 삼각형인 입체도형

각뿔은 삼각형인 옆면이 하나의 꼭짓점에서 만나는 다면체예요.
각뿔의 밑면은 다각형인데, 이때 각뿔의 밑면이 정다각형이라면 각뿔은 정각뿔이 돼요.

〈삼각뿔〉

밑면이 삼각형이다.
4면이 모두 정삼각형이라면 165쪽에
있는 정사면체가 된다.

〈정사각뿔〉

밑면이 정사각형이다.

〈오각뿔〉

밑면이 오각형이다.

원뿔 cones

직각삼각형의 빗면이 아닌 한 변을 회전축으로 1회전했을 때 생기는 회전체

원뿔에는 곡면과 꼭짓점이 있어요.
원뿔의 밑면은 원이에요.

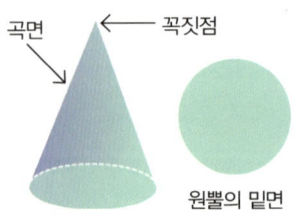

곡면   꼭짓점

원뿔의 밑면

➜ 원, 회전체

기둥 prisms

기둥은 크기와 모양이 같은 두 면이 서로 평행한 다면체예요. 이때 평행한 면은 서로 같은 거리만큼 떨어져 있어요.
기둥의 다른 면은 모두 직사각형이고, 밑면이 어떤 모양이든 기둥이 될 수 있어요.

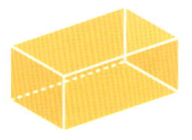
직육면체의 면은 모두 직사각형이다.

정육면체는 면이 모두 정사각형인 직육면체이다.

삼각기둥의 밑면은 삼각형이다.

원기둥의 밑면은 원이다.

밑면이 별모양인, 불규칙 십각기둥이다.

입체도형을 가로 방향으로 잘랐을 때 보이는 평면을 횡단면이라고 해요. 기둥을 얇게 자른 횡단면의 크기와 모양은 모두 같아요.

원기둥의 횡단면

빗각기둥은 각기둥에서 옆모서리가 밑면과 수직이 아닌 입체도형을 말해요. 각기둥은 옆면이 직사각형이고 빗각기둥의 옆면은 평행사변형이에요.

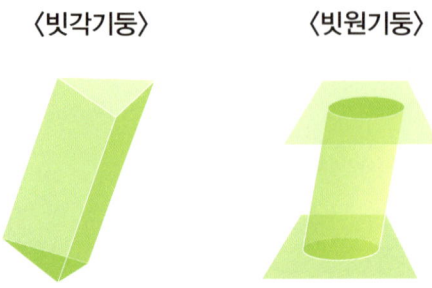

〈빗각기둥〉　　〈빗원기둥〉

구 spheres

반원의 지름을 회전축으로 하여 1회전했을 때 생기는 입체도형

구는 완전히 둥그런 입체도형이에요. 구는 회전축과 상관없이 어떤 평면으로 잘라도 그 단면은 항상 원이에요.

 하나의 면으로 이루어져 있다.

반구 hemispheres

반구는 구의 반을 말하는 것으로, 반구의 밑면은 원이에요.

 반구의 면은 두 개이다.

전개도 nets

입체도형의 펼쳐진 모양을 나타낸 그림

전개도는 접어서 입체도형을 만들 수 있도록 평면에 그린 그림을 말해요. 어떤 입체도형은 전개도를 여러 개 그릴 수 있어요.

도형

〈정육면체의 전개도〉

〈정사면체의 전개도〉

〈정사각뿔의 전개도〉

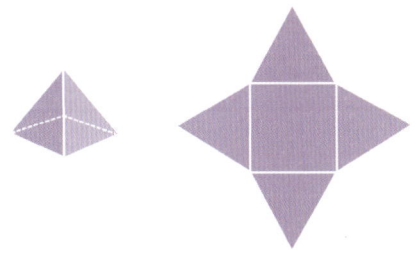

〈삼각기둥의 전개도〉

〈원기둥의 전개도〉

➜ 정육면체, 기둥, 다면체, 각뿔

대칭은 한 점이나 한 직선, 한 면을 사이에 두고 같은 거리에서 마주 보고 있는 경우나 돌렸을 때 하나로 겹쳐지는 것을 말해요. 평면도형이나 입체도형 중 대칭이 아닌 것은 비대칭이라고 해요.

눈 결정의 반쪽은 다른 반쪽과 완전히 겹쳐져요. 따라서 눈 결정도 대칭이에요.

선대칭 line symmetry

어떤 직선을 기준으로 접었을 때 완전히 겹쳐지는 도형

어떤 도형이 선대칭이라면 그 도형을 반으로 가르면 똑같이 겹쳐지는 두 개의 도형이 돼요. 선대칭은 거울 대칭 또는 반사 대칭이라고도 해요. 그 이유는 반으로 가른 두 도형은 서로 거울에 비친 모습이 되기 때문이에요.

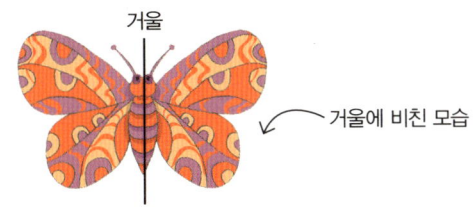

나비의 한가운데에 거울을 세우고 거울을 보면 나비 반쪽과 거울에 비치는 반쪽이 합쳐져서 나비 한 마리가 보일 거예요.

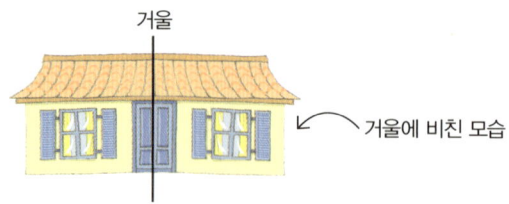

집의 반쪽 옆에 거울을 세우면, 거울에 비친 모습까지 합하여 한 채의 집이 보일 거예요.

대칭축 lines of symmetry

선대칭을 만드는 직선

도형을 반으로 접었을 때 완전히 겹쳐지는 선을 대칭축 또는 거울선이라고 해요. 이 선은 도형 위에 실제로 그려져 있는 선일 수도 있고, 가상의 선이 될 수도 있어요.

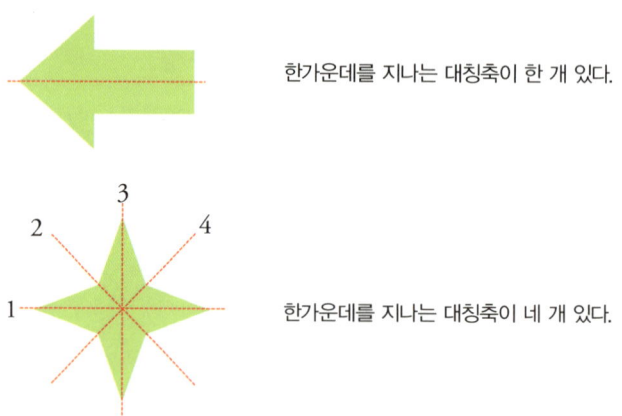

한가운데를 지나는 대칭축이 한 개 있다.

한가운데를 지나는 대칭축이 네 개 있다.

회전대칭 rotational symmetry

회전대칭은 도형을 돌렸을 때 처음 도형과 완전히 겹쳐지는 도형을 말해요. 도형을 돌린다는 것은 도형의 각 부분이 다른 부분과 맞추어지도록 움직인다는 뜻이에요. 도형을 종이에 베껴서 도형 위에 올려 놓고 돌려 보면 그 의미를 잘 알 수 있어요.

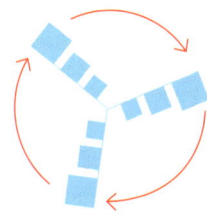

회전대칭 중 어떤 도형을 한 점에 대해 180도 회전시켰을 때 겹쳐지는 도형을 점대칭 도형이라고 말해요.

회전대칭의 중심

한 점을 중심으로 도형을 돌려서 처음 도형과 포개어질 때 이 점을 회전대칭의 중심이라고 해요.
별 모양을 종이에 베껴서 대칭의 중심에 핀을 꽂아 돌려 보면 종이별이 처음 모양과 겹쳐지는 것을 알 수 있어요.

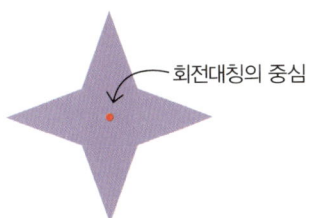
회전대칭의 중심

〈회전대칭의 수〉

도형을 한 바퀴(360°) 돌려서 처음 도형과 겹쳐질 때까지 도형이 몇 번 겹쳐지는지를 말해요.

다음의 별 모양은 네 번 겹쳐지므로 회전대칭의 수는 4개예요.

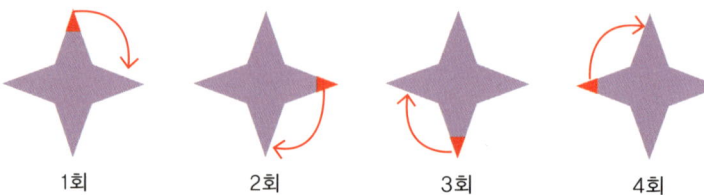

➡ 점

평면도형의 대칭

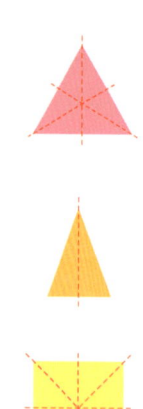

정삼각형
대칭축 3개
회전대칭의 수 3개.

이등변삼각형
대칭축 1개
회전대칭의 수 1개

정사각형
대칭축 4개
회전대칭의 수 4개

직사각형
대칭축 2개
회전대칭의 수 2개

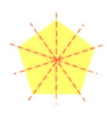

오각형
대칭축 5개
회전대칭의 수 5개

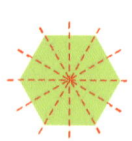

육각형
대칭축 6개
회전대칭의 수 6개

칠각형
대칭축 7개
회전대칭의 수 7개

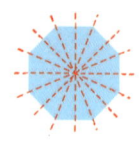

팔각형
대칭축 8개
회전대칭의 수 8개

구각형
대칭축 9개
회전대칭의 수 9개

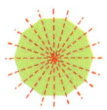
십각형
대칭축 10개
회전대칭의 수 10개

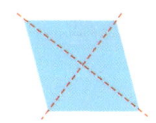
마름모
대칭축 2개
회전대칭의 수 2개

십일각형
대칭축 11개
회전대칭의 수 11개

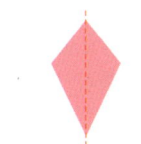
연꼴
대칭축 1개
회전대칭의 수 1개

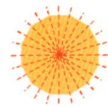
십이각형
대칭축 12개
회전대칭의 수 12개

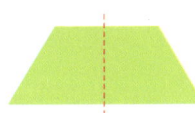
사다리꼴
대칭축 1개
회전대칭의 수 1개

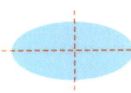
타원
대칭축 2개
회전대칭의 수 2개

화살촉꼴
대칭축 1개
회전대칭의 수 1개

원
대칭축 무한히 많음.
회전대칭의 수도 무한히 많음.

➜ 원, 타원, 무한대, 삼각형

도형의 이동

평면도형이나 입체도형을 이동하거나 확대 또는 축소할 수 있어요. 이때 처음 도형을 '대상'이라 하고, 새로 바뀐 도형을 '상'이라고 해요. 도형의 이동에는 뒤집기, 돌리기(회전), 옮기기가 있어요.

시계 방향과 시계 반대 방향

어떤 것이 시계 방향으로 움직인다는 것은 시계 바늘이 도는 방향과 같이 오른쪽으로 돈다는 것을 뜻해요.
시계 방향의 반대 방향은 시계 반대 방향(또는 반시계 방향)이라고 해요.

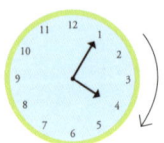

시계 방향

시계 반대 방향

도형 돌리기 rotation

한 점을 중심으로 여러 방향으로 돌리는 것

돌리기는 한 점을 고정시켜 놓고 대상을 움직이는 것을 말해요.
도형은 시계 방향이나 시계 반대 방향으로 돌릴 수 있어요. 이때 대상과 그 상은 언제나 돌리기의 중심, 즉 회전의 중심에서 같은 거리만큼 떨어져 있어요.

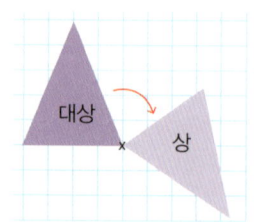

점 ×를 중심으로 대상을 시계 방향으로 돌렸다.

〈도형 돌리기 방법〉

❶ 기름종이를 대상 위에 올려놓고 도형을 베낀다.

❷ 연필로 회전의 중심을 누르고 도형이 그려진 기름종이를 돌린다. 점 x를 중심으로 시계 방향으로 $\frac{1}{4}$ 회전하려면 기름종이를 오른쪽으로 사분원만큼 돌리면 된다.

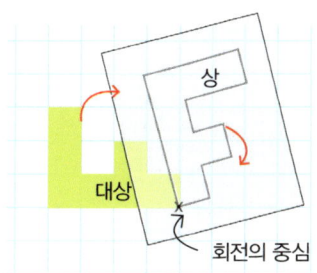

❸ 움직여진 도형의 각 꼭짓점에 점을 찍어 표시한다.

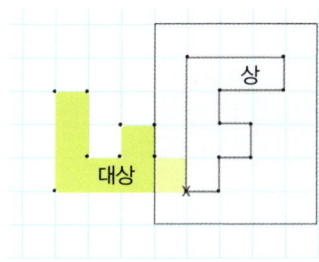

❹ 상의 위치를 알려 주는 점끼리 잇는다.

➡ 점

도형 뒤집기 reflection

도형을 한 직선을 축으로 하여 움직이는 것

도형을 뒤집어 보면 뒤집은 도형의 꼭짓점과 처음 도형의 꼭짓점들이 가상의 대칭축에서 같은 거리만큼 떨어져 있는 것을 알 수 있어요.

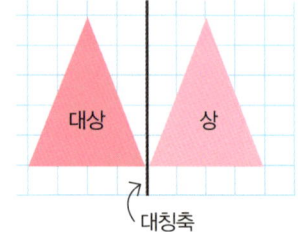

〈도형 뒤집기 방법〉

❶ 꼭짓점을 표시한다.

❷ 대칭축에서 몇 칸 떨어져 있는지 정사각형의 수를 센 뒤, 대칭축의 반대쪽으로 같은 개수만큼 정사각형을 세어 점을 찍는다. 같은 과정을 반복하면서 도형의 각 꼭짓점을 표시한다.

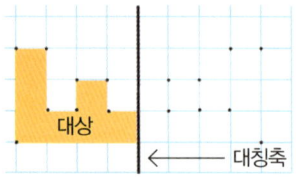

❸ 점을 이어서 상을 완성한다. 대칭축에 거울을 세워 비춰 보면 새로 그린 상이 맞게 그려졌는지 확인할 수 있다.

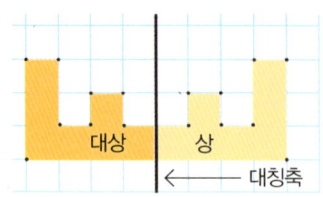

➜ 점, 대칭축

도형 밀기 translation

도형을 한 방향으로 밀어서 움직이는 것

대상을 뒤집거나 돌리지 않고 다른 위치로 미는 것을 도형 밀기라고 해요.
도형을 밀면 모양은 똑같아 보이지만 어떤 기준점에서 일정한 거리만큼 떨어져 있어요. 도형은 오른쪽이나 왼쪽, 위아래로 밀어서 옮길 수 있어요.

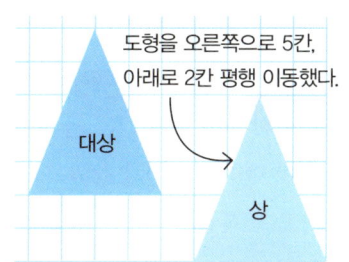

〈도형 밀기 방법〉

❶ 도형을 움직이고 싶은 만큼 가로, 세로 방향으로 정사각형의 개수를 세어 새로운 꼭짓점의 위치를 찾는다.

❷ 도형의 새로운 위치가 보이도록 똑같은 방법으로 다른 중요한 꼭짓점들도 모두 옮긴다.

❸ 점을 이어서 도형을 그린다. 아래 도형은 오른쪽으로 5칸, 위로 3칸 옮긴 도형이다.

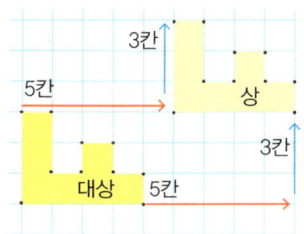

➡ 점, 대칭축

도형의 합동 congruent shapes

모양과 크기가 같아서 완전히 포개어지는 도형

합동이란 도형의 각각의 위치는 다르지만 모양과 크기가 같은 것을 말해요. 두 도형이 합동이면 한 도형을 오려서 돌리거나 뒤집거나 옮기면 다른 도형에 완전히 겹쳐져요. 즉, 돌리고, 뒤집고, 밀면 합동인 도형이 만들어져요. 두 도형의 대응변과 대응각의 크기는 각각 같아요.

다음은 합동인 도형으로 모두 모양과 크기가 같아요.

닮음 similarity

크기는 다르지만 모양이 같은 도형

닮음을 나타낼 때는 S를 옆으로 눕힌 기호(∽)를 사용해요. 어떤 도형을 일정한 비율로 확대하거나 축소한 도형은 처음 도형과 닮음인 도형이에요. 크기도 똑같다면 합동이라고 해요.

좌표와 방위

수학에서 어떤 것의 위치를 말할 때 정사각형 눈금이 그려진 표를 이용하여 말하는데, 이것을 좌표라고 해요.

수평 horizontal

어느 한쪽으로 기울어지지 않고 평평한 상태

수평선은 땅과 하늘이 만나는 선으로, 어떤 것이 수평으로 놓여 있다는 말은 수평선과 같은 위치라는 것을 의미해요. 그래서 수평은 지구 중력의 방향과 직각을 이루는 방향을 말해요.

책의 어떤 쪽에 줄을 그었을 때 꼭 수평이지 않을 수 있는데, 이것은 책을 어떻게 들고 있느냐에 따라 달라지기 때문이에요. 하지만 보통 책에 가로로 곧게 선을 그으면 수평하다고 말해요.

➜ 수직, 빗금

수직 perpendicularity

두 직선이 직각으로 만날 때, 두 면이 직각으로 만날 때

어떤 것이 수평선과 직각을 이룰 때 이것을 수직이라고 해요. 직선과 직선, 직선과 평면, 평면과 평면이 이루는 각이 직각일 때, 이들은 서로 수직이라고 해요. 일반적으로 책에 세로 방향으로 곧게 선을 그으면 수직이라고 해요.

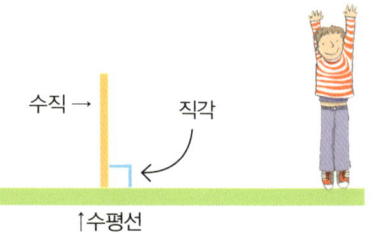

빗금 oblique

어떤 것이 수평도 아니고 수직도 아닐 때 빗금이라고 해요. 빗금은 사선이라고도 해요.

좌표평면 coordinate grids

좌표평면은 축이라고 하는 두 개의 직선에 숫자를 써서 나타낸 거예요. 축은 x축이라는 가로축과 y축이라는 세로축이 있어요. 두 축이 만나는 점을 원점이라고 해요. 원점의 좌표는 (0, 0)이에요. 프랑스의 수학자 르네 데카르트가 발명하여 데카르트 좌표계라고도 불러요.

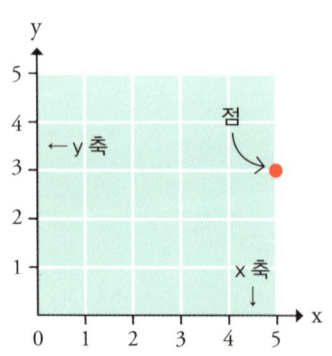

➜ 좌표, 점, 수직

좌표 coordinates

수직선 위의 점에 대응하는 수 또는 좌표평면 위의 점에 대응하는 순서쌍

좌표는 모눈에서 점의 위치를 나타내는 숫자들의 쌍을 말해요.
점의 좌표를 알려면 점이 놓여 있는 선이 어떤 수를 가리키는지 알아야 해요.

〈좌표를 찾아 표시하는 방법〉

❶ 먼저 x축을 따라가서 숫자를 찾고, y축 방향으로 위로 올라가면서 y축에 있는 숫자를 찾아요.

❷ ( ) 안에 숫자를 쓰고, 숫자와 숫자 사이에 쉼표를 찍어서 (x, y)로 나타내요. 이때 x축의 숫자를 항상 먼저 써야 해요.

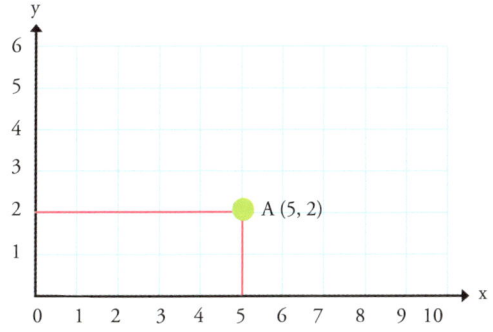

점A는 x축의 5번 선에 있고, y축은 2번 선에 놓여 있어요.
따라서 좌표는 (5, 2)라고 쓰고, 읽을 때에는 '5 콤마 2' 라고 읽어요.

〈x 좌표 x-coordinates〉

x 좌표는 x축을 따라갔을 때 나타나는 점의 위치를 알려 주는 숫자예요. 위 좌표평면에 있는 점A의 x 좌표는 5예요.

〈y 좌표 y-coordinates〉

y 좌표는 y축 방향으로 갔을 때 점의 위치를 알려 주는 숫자예요. 위 좌표평면에 있는 점 A의 y 좌표는 2예요.

좌표의 규칙

점이 모여 이루어진 선이 직선이나 곡선처럼 어떤 규칙을 갖고 있다면 점도 규칙을 갖고 있어요.

아래 그림을 보면 직선 위에 점들이 있어요. 점의 좌표는 (2, 1), (4, 2), (6, 3), (8, 4)예요.

각 좌표의 숫자들을 보면, y 좌표는 x 좌표의 반이에요. 따라서 (5=10÷2)로 이 직선의 규칙을 따르기 때문에 (10, 5)도 이 직선 위에 있어요. 반면에 (7, 5)는 이 직선의 규칙을 따르지 않으므로 직선 위에 있지 않아요.

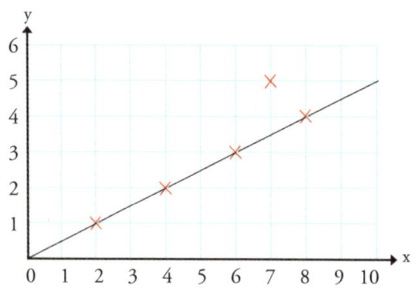

만나는 직선

두 직선이 서로 엇갈릴 때 서로 만나는 직선이라고 해요.

오른쪽 그림을 보면 두 직선이 만나는 곳에 점이 있고, 이 점의 좌표가 (5, 2)라는 것을 알 수 있어요.

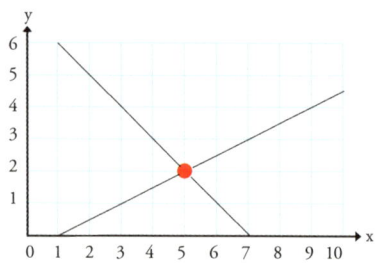

나침반의 방위

나침반은 방향을 알려 주는 도구예요. 지구는 커다란 자석이며 지구의 북극이 S극이어서 나침반을 수평으로 들면 붉은 바늘이 북쪽을 가리켜요. 이것을 기준으로 삼으면 다른 방향도 알 수 있어요.

나침반의 방위는 위는 북쪽(N), 아래는 남쪽(S), 오른쪽은 동쪽(E), 왼쪽은 서쪽(W)이에요.

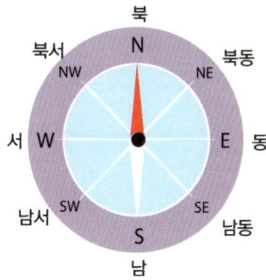

동, 서, 남, 북의 사이를 가리키는 방위로 북동(NE), 남동(SE), 남서(SW), 북서(NW)가 있어요.

나침반의 방위를 알면 위치를 나타낼 수 있어요. 예를 들어 아래 그림에서 마녀의 동굴은 유령의 집 동쪽에 있고, 마법사의 성 남쪽에 있다는 식으로 방위를 이용하여 위치를 나타낼 수 있어요.

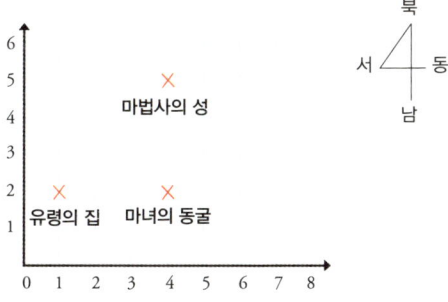

➜ 직선, 점

측정

일상생활에서 종종 측정이 필요할 때가 있어요. 예를 들어 무게는 얼마인지, 크기는 얼마인지 재야 할 때처럼 말이에요. 만약 모든 사람들이 측정한 값을 나타낼 때 같은 단위를 쓴다면 정보를 이해하기도 쉬울 거예요.

도량형 measurement systems

측정에서는 미터법과 파운드법의 두 가지 방법이 주로 사용되고 있어요.

미터법 metric systems

미터법은 10, 100, 1000을 기본으로 하는 십진법 체계로 쉽게 계산할 수 있어요. 미터법에서는 미터(m), 그램(g), 리터(ℓ) 등의 단위를 사용해요.

〈미터법에서 사용하는 단위〉

길이의 단위	표기	같은 값
밀리미터	mm	
센티미터	cm	10mm
미터	m	100cm
킬로미터	km	1000m
무게의 단위	표기	같은 값
밀리그램	mg	
그램	g	1000mg
킬로그램	kg	1000g
톤	t	1000kg
들이의 단위	표기	같은 값
밀리리터	mL	
리터	L	1000mL

미터법을 만들지 않았다면 나라마다 측정 단위가 달라서 큰 혼란이 있었을 거예요.

미터법에서의 단위

1m는 지구 1바퀴의 길이를 4천만으로 나눈 길이예요. 그러므로 지구 1바퀴의 길이는 4천만m예요. 미터법에서 어떤 단위들은 이름을 보면 크기를 짐작할 수 있어요.

'밀리'는 1000분의 1이라는 뜻으로, 1밀리미터(mm)는 1미터(m)의 $\frac{1}{1000}$을 말해요.

'센티'는 100분의 1이라는 뜻으로, 1센티미터(cm)는 1미터(m)의 $\frac{1}{100}$이에요.

'킬로'는 천이라는 뜻으로, 1킬로그램(kg)은 1000그램(g)이에요.

단위를 바꾸는 계산

어떤 단위로 표시된 값과 다른 단위로 표시된 값을 비교할 때에는 단위를 같게 바꾸어야 해요. 이때 미터법 단위를 쓰고 있다면 10, 100, 1000을 곱하거나 10, 100, 1000으로 나누면 단위를 쉽게 바꿀 수 있어요.

〈작은 단위를 큰 단위로 바꾸는 방법〉

작은 단위를 큰 단위로 바꾸려면 나눗셈을 해야 해요. 예를 들어 45mm를 cm로 바꾸려면, 1cm=10mm이므로, 10으로 나누면 돼요.

$45 \div 10 = 4.5 \quad \rightarrow \quad 45mm = 4.5cm$

〈큰 단위를 작은 단위로 바꾸는 방법〉

큰 단위를 작은 단위로 바꾸려면 곱셈을 해야 해요. 예를 들어 1.2L를 mL로 바꿀 때에는 1L=1000mL이므로, 1000을 곱하면 돼요.

$1.2 \times 1000 = 1200 \quad \rightarrow \quad 1.2 L = 1200mL$

나누어야 할지 곱해야 할지 확실히 모를 때에는 두 가지 방법으로 계산해 보고 어떤 답이 더 적당한지 알아보면 돼요.

알맞은 단위 고르기

작은 것의 단위를 말할 때는 작은 단위를 고르고, 큰 것의 단위를 말할 때는 큰 단위를 고르면 돼요.

예를 들어 무당벌레의 길이를 말할 때 0.000007km라고 하는 것보다 7mm라고 말하는 것이 더 알맞고, 교실의 가로 길이를 10000mm라고 하는 것보다 10m라고 하는 것이 더 알맞아요.

눈금 읽기

자, 주방용 저울, 계량컵 같은 많은 측정 도구들에는 눈금이 표시되어 있어요. 눈금을 보면 측정한 값이 얼마인지 알 수 있어요. 또한 숫자 사이에는 작은 눈금이 표시되어 있어서 더 정확하게 잴 수 있어요. 더 정확하게 측정하려면 소수를 써야 할 때도 있어요.

아래 자는 cm와 mm가 나와 있어요. 빨간색 선의 길이를 밀리미터까지 읽으면 4.8cm예요.

오른쪽 저울은 킬로그램 단위로 되어 있어요. 1킬로그램이 4칸으로 나누어져 있으므로, 한 칸은 0.25kg(1÷4=0.25)이에요. 따라서 저울 위에 있는 오렌지의 무게는 1.25kg이에요.

오른쪽 계량 주전자는 액체를 500mL까지 나타낼 수 있고, 눈금은 5칸으로 나뉘어 있어요.
각 눈금은 100mL(500÷5=100)를 나타내므로, 주전자에 담긴 주스의 양은 300mL예요.

자, 줄자, 계량 주전자들은 언제나 0으로 표시된 곳부터 재도록 되어 있어요. 따라서 주방용 저울을 사용하기 전에 눈금이 0으로 표시되어 있는지 꼭 확인해야 해요.

➜ 들이, 무게

측정

길이 length

한 끝에서 다른 끝까지 이어진 거리

길이는 두 지점 간의 거리를 말해요.
길이를 잴 때 자주 쓰이는 단위에는 밀리미터(mm), 센티미터(cm), 미터(m), 킬로미터(km) 등이 있어요.

〈길이 환산〉

1cm = 10mm
1m = 100cm = 1000mm
1km = 1000m = 100000cm

바꾸려면			이렇게
mm	→	cm	÷10
mm	→	m	÷1000
cm	→	mm	×10
cm	→	m	÷100
m	→	cm	×100
m	→	km	÷1000
km	→	m	×1000

➜ 들이, 무게

길이와 관련된 표현

의미는 조금 다르지만 길이와 관련이 있는 용어들이 있어요.

 높이는 사람 키처럼 땅에서부터 얼마나 솟아 있는지 재는 것으로 길이를 재는 것과 같아요.

 집에서 학교까지와 같이 두 장소 사이가 얼마나 떨어져 있는지 거리를 재는 것도 길이를 재는 거예요.

 창문의 너비처럼 이쪽과 저쪽 사이를 재는 것도 길이를 재는 거예요.

 수영장의 깊이처럼 아래로 얼마나 깊은지 재는 것도 길이를 재는 거예요.

오른쪽 식물의 줄기의 길이는 40cm이고
굵기는 6mm이며,
나뭇잎의 길이는 10cm예요.
꽃잎의 길이는 8cm이고
화분 맨 위쪽의 너비는 22cm예요.

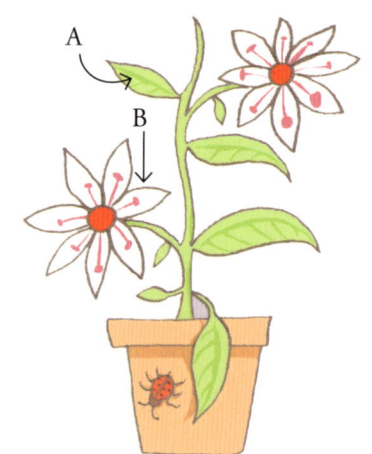

측정 도구

아래의 도구들을 사용하여 길이를 잴 수 있어요.

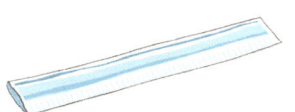

짧은 길이를 잴 수 있는 자

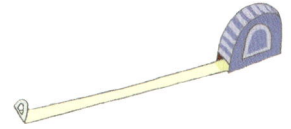

길이가 긴 것을 잴 수 있는 줄자

아주 긴 거리를 잴 수 있는 굴렁쇠 측정자

더 먼 거리를 잴 수 있는 자동차나 자전거에 달려 있는 주행 거리계

길이 어림하기

정확한 측정값을 구하지 않고 대강 알아보는 것

여러분이 잘 알고 있는 사물의 길이와 비교하면 어떤 것의 길이가 얼마나 되는지 어림해 볼 수 있어요.

측정 도구가 없을 때에는 아래와 같은 방법으로 길이를 짐작할 수 있어요.

엄지손톱의 너비는 약 1cm이다.

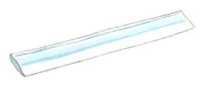

30cm자는 약 1피트이다.

어른 남자의 키는 약 1.7m이다.

버스의 길이는 약 10m이다.

우리 몸의 일부를 이용해서도 길이를 어림할 수 있어요.

한 뼘

팔을 쭉 뻗었을 때 겨드랑이에서 가운데 손가락까지의 길이

편안하게 걸을 때 한 걸음의 길이

어림한 길이를 말할 때에는 길이 뒤에 '쯤'이라고 붙여서 말해요.

➜ 길이, 측정 도구

질량과 무게

질량은 어떤 물체에 물질이 얼마나 들어 있는지를 말하는 거예요. 질량을 측정하는 단위에는 밀리그램(mg), 그램(g), 킬로그램(kg), 톤(t)이 있어요.

무게는 중력이 물체를 잡아당기는 힘의 크기예요. 과학자들은 무게를 측정하는 데 특별한 단위를 사용해요. 하지만 사람들은 생활 속에서 무게는 어떤 것이 얼마나 무거운지를 말할 때 사용하는 것으로 생각하여 질량의 단위를 그대로 사용해요.

〈무게와 질량의 환산〉

1g=1000mg 1kg=1000g 1t=1000kg

바꾸려면		이렇게
mg	→ g	÷1000
g	→ mg	×1000
g	→ kg	÷1000
kg	→ g	×1000
kg	→ t	÷1000
t	→ kg	×1000

무게 어림하기

우리가 이미 알고 있는 물건의 무게와 비교하면 다른 물건의 무게를 잴 수 있어요.

설탕 한 봉지는 1kg이다.

작은 사과는 약 100g이다.

무게 측정하기

용수철 저울이나 저울을 이용하여 무게를 잴 수 있어요.

〈무게를 재는 도구〉

용수철 저울은 아래쪽에 달린 고리에 물건을 매달아서 무게를 측정한다.

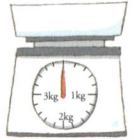
왼쪽과 같은 주방용 저울을 사용할 수도 있다. 원 안에 눈금이 있고, 숫자가 쓰여 있다.

양팔 저울로 바나나의 무게를 재려면 한쪽에 바나나를 올린 뒤에 양쪽 균형이 맞을 때까지 다른 쪽에 금속으로 만든 추(분동)를 올린다.

저울의 균형이 맞을 때의 추의 무게가 바나나의 무게이다.
추에 적힌 무게를 더하면 바나나의 무게가 얼마인지 알 수 있다.

큰 물체를 잴 때는 더 큰 저울이 필요하다. 몸무게를 알고 싶을 때에 체중계를 사용할 수 있다.

전자 저울은 무게에 해당하는 숫자가 화면에 나타나는 저울이다.

들이 capacity

어떤 것이 들어갈 수 있는 공간의 양

한 팩에 들어가는 우유의 양, 풍선에 들어가는 공기의 양 등이 들이예요.
들이의 단위에는 밀리리터(mL), 리터(L)가 있어요.

1000mL=1L

	바꾸려면		이렇게
mL	→	L	÷1000
L	→	mL	×1000

들이는 안에 들어가는 양이고, 부피는 공간을 차지하는 크기예요.

들이 측정하기

계량 주전자나 실린더를 이용하면 용량을 잴 수 있어요.

주전자의 눈금이 네 칸이므로, 눈금 한 칸은 250mL이다. 따라서 주전자에 담긴 물은 750mL이다.

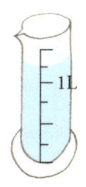

실린더에 1.25L의 물이 들어 있다.
1.25L는 1250mL와 같은 양이다.

들이 어림하기

이미 알고 있는 것과 들이를 비교하여 다른 물건의 들이를 어림할 수 있어요. 어떤 것의 들이를 알고 싶은데 들이를 측정할 수 있는 도구가 없다면 아래의 방법을 사용할 수 있어요.

캔에 담긴 음료수는 약 300 mL이다.

찻숟가락에는 액체를 약 5 mL 담을 수 있다.

이 통에 담긴 오렌지 주스는 200 mL다.

➜ 미터법, 파운드법

시각 time

어떤 한 순간을 시, 분, 초 등을 써서 나타낸 것

시계의 짧은 바늘이 숫자 9를, 긴바늘이 숫자 12를 가리킬 때는 9시(아홉 시)라고 해요.

➜ 세계 시각

시간 time

어떤 시각에서 어떤 시각까지의 동안

시간은 무엇을 할 때 얼마나 걸리는지를 재는 거예요.
예를 들어 밥을 먹는 데는 10분이 걸리고, 학교까지 걸어가는 데는 30분이 걸리며, 아기가 어른이 되는 데는 몇 십 년이 걸린다 등이 시간이에요.

측정

시간의 단위

시간의 단위는 지구의 움직임을 기본으로 해요. 시계가 없었을 때 사람들은 태양과 달의 위치를 보고 시간이 얼마나 지났는지, 몇 달이 지났는지, 몇 해가 지났는지 알았어요.
하루는 지구가 자전하는 데 걸리는 시간이에요. 하루는 24시간으로 나뉘어 있어요. 1시간은 60분으로 나뉘어 있고, 1분은 60초로 나뉘어 있어요.
1년은 지구가 태양 둘레를 한 바퀴 도는 데 걸리는 시간이고, 1년은 12개월이에요.

〈시간의 단위〉

1분 = 60초   1시간 = 60분
1일 = 24시간   1주 = 7일
1년 = 12개월 또는 52주 또는 365일

달력 calendars

1년 동안의 월, 일, 요일 등을 날짜에 따라 적은 것

달력을 보면 1년의 각 달마다 요일과 날짜를 알 수 있어요. 대부분 1달은 31일이지만 어떤 달은 30일까지 있고, 2월은 다른 달보다 짧아요.

달력을 보면 어떤 날짜가 무슨 요일인지 알 수 있어요.

〈달에 있는 날 수를 쉽게 알 수 있는 방법〉

주먹을 쥐고 왼쪽부터 관절이 튀어나온 부분, 들어간 부분을 세어 보면 달에 있는 날 수를 알 수 있어요.

첫 번째는 1월, 두 번째는 2월, 세 번째는 3월, 이렇게 세었을 때 튀어나온 부분은 31일, 들어간 부분은 30일이에요.

단 2월은 28일(윤년일 때는 29일)이에요.

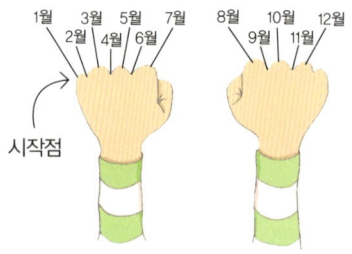

12시간제 12-hour clock time

12시간제는 하루를 12시간씩 두 번으로 나누는 것을 말해요. 첫 번째 12시간은 자정(밤 12시)에 시작해서 정오(낮 12시)에 끝나요. 이때는 시각 앞에 오전이라고 써요. 예를 들어 오전 8:30, 오전 11:59 등으로 써요. 정오부터 자정까지의 시각 뒤에는 오후 8:30, 오후 11:59처럼 오후라고 써요.

오전 11:30

오후 11:30

오전 3:05일 때에는 '오전 세 시 오 분'이라고 읽어요.

분	읽는 방법
0	정각
15	십 오분
30	반
45	…시 사십 오분, …시 십 오분 전

몇 분 전이라고 말할 때는 현재 시에 1을 더한다.

24시간제 24-hour clock time

24시간제는 시간을 0시에서 24시까지로 나누는 것을 말해요.
24시간제는 07:26분처럼 숫자 4개를 사용하여 나타내고, 시와 분 사이에 쌍점(:)을 써서 나타내요. 여행 시간표는 쌍점을 쓰지 않고 0726이라고 나타내기도 해요. 시각을 말할 때는 7시 26분 또는 07시 26분이라고 0을 붙이기도 하고 붙이지 않기도 해요.

아날로그 시계 analogue clocks

아날로그 시계는 바늘이 숫자를 가리키면서 시간을 알려 주는 시계예요. 짧은 바늘은 몇 시인지 알려 주고, 긴바늘은 몇 분인지 알려 주지요.
긴바늘이 12에 있을 때의 시각은 정각이에요. 긴바늘이 몇 분을 가리키고 있는지 알려면 숫자에 5를 곱하면 돼요.

위에 있는 시계는 3:20을 가리키고 있어요.
즉 정각 3시에서 20분이 지난 시각이에요.

이 시계는 정각 3시를 나타내고 있어요.

➜ 디지털 시계

디지털 시계 digital clocks

디지털 시계는 시각을 숫자로 알려 주는 시계예요. 12시간 체계나 24시간 체계 모두 보여 줄 수 있어요.
오후 3시 20분일 때 디지털 시계는 아래의 두 가지 방법으로 시각을 나타낼 수 있어요.

측정

3:20   15:20

〈시간 환산 방법〉

바꾸려면		이렇게
초 →	분	÷60
분 →	시간	÷60
시간 →	일	÷24
분 →	초	×60
시간 →	분	×60
일 →	시간	×24

시간의 단위 바꾸기

위의 표에서처럼 곱하거나 나누면 시간의 단위를 바꿀 수 있어요.
나눗셈을 할 때 숫자가 나누어떨어지지 않으면 나머지가 분이 돼요.

〈140분을 시간으로 바꾸는 방법〉
140÷60=2 나머지 20이므로 2시간 20분이다.

시간의 차 구하기

〈시간의 차를 구하는 방법〉

오후 6시 50분에 여행을 떠나서 오후 9시 45분에 돌아왔다고 했을 때의 시간의 차를 구하기

❶ 먼저 6시 50분에서 10분을 더 가면 7시이다.
❷ 7시에서 나머지 시간을 더 가면 도착 시각이 된다.
❸ 모두 더하면 여행한 시간이 된다.

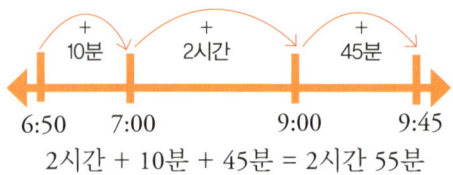

2시간 + 10분 + 45분 = 2시간 55분

❹ 따라서 여행하는 데 2시간 55분이 걸렸다.

세계 시각 world time

지구는 각기 다른 시간대로 나누어져 있어요. 같은 시간대 안에서는 같은 시각을 쓰지만 시간대가 달라지면 시계를 새로운 지역의 시각으로 맞춰야 해요.

➡ 12시간제, 24시간제

그리니치 표준시(GMT)

런던 교외의 그리니치에서 잰 시각을 그리니치 표준시, 세계 표준시라고 해요. 그리니치는 지구의 맨 아래쪽에서 맨 위쪽을 지나는 본초자오선이라는 가상의 선이 지나는 곳이에요.

본초자오선의 동쪽에 있는 시간대는 그리니치 표준시보다 앞서고, 본초자오선의 서쪽에 있는 시간대는 그리니치 표준시보다 늦어요. 지구가 서쪽에서 동쪽으로 자전을 하기 때문에 그리니치 천문대를 기준으로 서쪽에 있는 나라들의 시각이 늦은 거예요.

아래 세계 지도는 시간대에 따라 색깔이 달라요. 그리고 위에 있는 숫자들은 그리니치 표준시보다 몇 시간이 빠른지, 몇 시간이 늦은지 알려 줘요. 몇몇 나라는 표준시를 쓰지 않아서 30분 차이가 나는데, 그런 나라는 흰색으로 표시해 놓았어요.

측정

〈시간대〉

뉴욕은 그리니치 표준시보다 5시간 늦은 구역이다. 따라서 런던이 오전 11시일 때 뉴욕은 오전 6시이다.

시드니는 그리니치 표준시보다 10시간 빠른 구역이다. 따라서 런던이 오후 1시일 때 시드니는 오후 11시이다.

서머타임 summer time

어떤 나라에서는 여름철이 되면 시간을 바꿔요. 예를 들어 영국에서는 3월의 마지막 날 시계를 한 시간 앞당겨 맞추는데, 이것을 서머타임이라고 해요.
서머타임을 실시하면 사람들이 낮 시간을 더 보낼 수 있고, 전기도 덜 사용하게 되어서 에너지 소비량도 줄일 수 있어요.
영국에서는 서머타임을 '브리티시 서머타임'이라고 부르며 줄여서 BST라고 해요. 브리티시 서머타임은 10월에 끝나는데, 그때는 시계를 한 시간 뒤로 돌려놓아 원래대로 맞춰요.

국제 날짜 변경선 international date line

본초자오선에서 반대쪽으로 가면 날짜 변경선이라는 가상의 선이 있어요. 이 선의 동쪽에 있는 곳은 모두 이 선의 서쪽에 있는 곳보다 날짜가 하루 빨라요. 시드니에서 아침 10시에 비행기를 타고 5시간 걸려서 영국의 런던에 갔다면, 런던에 도착한 시각은 같은 날 오전 5시가 돼요. 타임머신 같겠지요.

우리나라와 지구 반대편에 있는 나라는 하루 정도 날짜가 차이가 나게 돼요.

도형의 가장자리를 따라 돌아가는 거리를 둘레라고 해요. 예를 들어 운동장의 가장자리를 따라 걷고 있다면 둘레를 따라 걷는 셈이 되지요. 둘레는 길이이고, 둘레의 단위는 밀리미터(mm), 센티미터(cm), 미터(m) 등이 있어요.

도형의 둘레 구하기

도형의 둘레를 구하기 위해서는 모든 변의 길이를 더해야 해요.

도형의 둘레 = 변의 길이의 합

아래 직사각형의 가로의 길이는 3cm이고, 세로의 길이는 2cm예요.

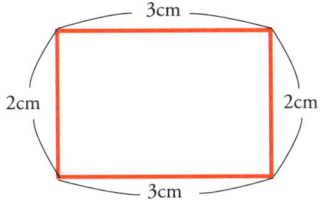

따라서 직사각형의 둘레의 길이는 3+3+2+2=10cm예요.

아래 삼각형의 변은 길이가 2.5cm, 3.2cm, 4.5cm예요.

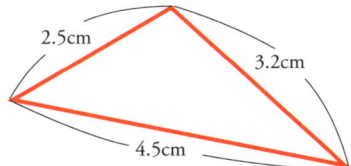

따라서 삼각형의 둘레의 길이는 2.5+3.2+4.5=10.2cm예요.

복합도형의 둘레

복합도형은 간단한 여러 개의 도형으로 이루어져 있어요.
다음에 있는 도형은 직사각형 두 개로 이루어진 도형이에요. 이 도형의 둘레를 알려면 바깥쪽 가장자리에 있는 변의 길이를 구해서 모두 더하면 돼요.

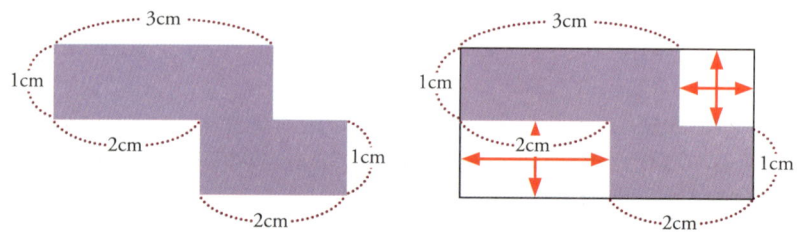

왼쪽 도형의 둘레는 1+3+1+1+1+2+1+2=12cm예요.
또한 오른쪽 그림의 빨간 화살표처럼 각 변의 길이에 대응하는 변의 길이는 같습니다. 그러므로 이 복합도형은 가로 길이 4cm, 세로 길이 2cm인 직사각형의 둘레의 길이와 같지요. 즉, 4+4+2+2=12cm가 됩니다.

곡선이 있는 도형의 둘레

곡선이 있는 도형의 둘레는 끈을 이용해서 시작한 지점에서 끝나도록 변을 따라 재면 돼요.

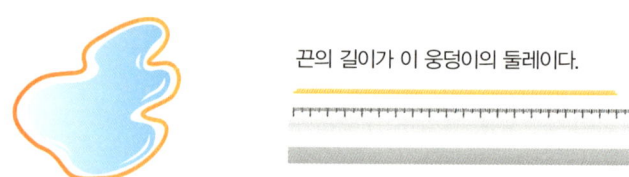

끈의 길이가 이 웅덩이의 둘레이다.

원의 둘레는 '원주'라고 해요.

➜ 길이, 합계, 원

넓이는 평면 도형이나 입체의 면이 평면에서 차지하는 범위의 크기로서 정사각형 모양을 단위넓이로 하고, 이 단위넓이가 몇 번 들어가는지를 알아보는 거예요. 제곱밀리미터(mm^2), 제곱센티미터(cm^2), 제곱미터(m^2)와 같은 단위를 써요.

넓이 어림하기

도형의 넓이를 어림하려면 먼저 정사각형 모눈 위에 도형을 그리고, 도형이 차지하고 있는 정사각형의 개수를 세어 보면 돼요.

가 도형은 정사각형 16개를 차지하고 있으므로 넓이는 16이에요.

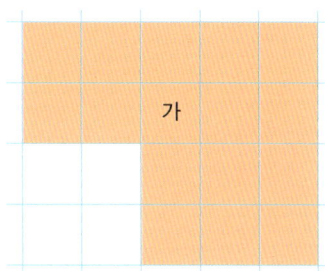

대각선 방향으로 그려진 도형

도형에 대각선 방향으로 그려진 부분이 있다면 정사각형이 몇 개인지 세고 나머지 조각들을 모아서 정사각형이 몇 개 만들어지는지 세어야 해요.

다음 쪽에 있는 도형은 완전한 정사각형 모양이 15개이고, 나머지 조각들이 몇 개 있어요.

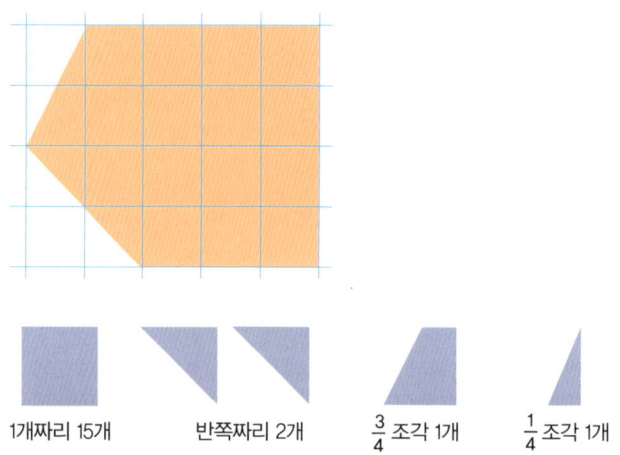

$15 + (\frac{1}{2} + \frac{1}{2} + \frac{3}{4} + \frac{1}{4}) = 15 + 2 = 17$

조각들을 모두 모으면 정사각형이 2개 만들어져요. 따라서 위 도형의 넓이는 17이에요.

곡선이 있는 도형

아래 도형은 반 넘게 덮여 있는 정사각형이 6개이고, 정사각형의 반이 안 되게 덮여 있는 부분이 6개예요.
따라서 도형의 넓이는 약 6이에요. 곡선에 도표를 그어 보면 대강의 넓이를 짐작할 수 있지요.

넓이와 둘레 area and perimeter

도형의 넓이가 같더라도 둘레는 다를 수 있어요.
아래에 있는 작은 정사각형은 목장의 단위넓이예요. 목장들의 단위넓이는 각각 16으로 같지만, 목장의 울타리 길이는 각기 달라요.

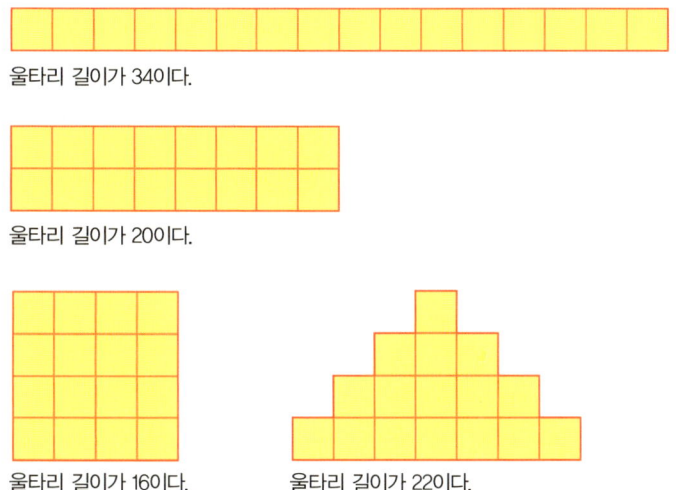

울타리 길이가 34이다.

울타리 길이가 20이다.

울타리 길이가 16이다.   울타리 길이가 22이다.

둘레는 같지만 넓이가 다를 수도 있어요. 아래의 그림은 둘레는 12로 같지만 넓이가 다른 경우예요.

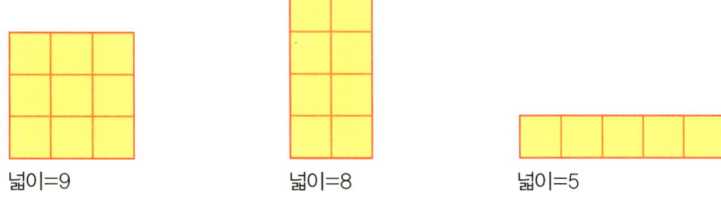

넓이=9   넓이=8   넓이=5

넓이의 보존

도형을 잘라서 다시 배열하면 넓이는 같지만 새로운 모양의 도형이 만들어지는데, 이것을 넓이의 보존 또는 등적변형이라고 해요.
다음 도형들은 모두 넓이가 같아요.

➔ 넓이

칠교 tangrams

칠교는 중국에 전해 내려오는 도형 퍼즐이에요.
칠교는 큰 삼각형 2개, 중간 삼각형 1개, 작은 삼각형이 2개 있고, 정사각형과 평행사변형이 1개씩인 7개의 조각으로 이루어져 있어요. 이 칠교 조각들을 모두 맞추면 큰 정사각형이 돼요.

삼각형은 모두 직각이등변삼각형으로
각은 90°, 45°, 45°이다.

정사각형의 각은 모두 90°이다.

평행사변형의 각 중에서 두 개는 45°이고,
나머지 2개는 135°이다.

칠교 조각을 모두 맞추면 정사각형이 만들어진다.

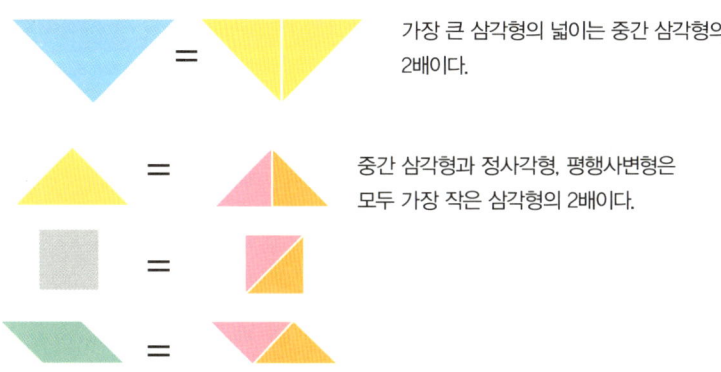

가장 큰 삼각형의 넓이는 중간 삼각형의 2배이다.

중간 삼각형과 정사각형, 평행사변형은 모두 가장 작은 삼각형의 2배이다.

그럼 칠교 조각을 모두 이용하여 아래와 같은 여러 도형을 만들어 보세요. 이때 칠교 조각을 모두 이용한다는 것은 아래에 있는 도형의 넓이가 모두 같다는 걸 의미해요.

답

칠교를 이용해서 나만의 그림을 만들 수도 있어요. 얼마나 많이 만들 수 있는지 해 보세요. 이때 조각들을 모두 사용하면서 변끼리 닿도록 한다면 그림의 넓이는 모두 같아요.

칠교놀이를 하면 도형 사이의 관계를 잘 알 수 있어요.

〈칠교놀이 규칙〉
- 7조각을 모두 사용한다.
- 조각들을 모두 평평하게 놓는다.
- 조각이 겹쳐지지 않게 한다.
- 조각의 면이 바닥에 모두 닿아야 한다.
- 조각들은 모두 뒤집거나 돌려서 사용할 수 있다.

➜ 각, 넓이, 다각형

직사각형과 정사각형의 넓이

직사각형과 정사각형의 가로와 세로의 길이를 알고 있다면 둘을 곱하여 넓이를 구할 수 있어요.

오른쪽 직사각형에는 단위 정사각형이 12개 있으므로, 넓이가 12예요.

단위 정사각형의 수를 세지 않더라도 가로(4)와 세로(3)을 곱해서 4×3=12가 된다는 것을 알 수 있어요.

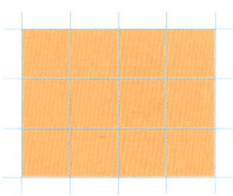

> 정사각형과 직사각형의 넓이 = 단위넓이 × 가로 × 세로

어떤 것이 가로인지는 중요하지 않아요. 하나를 가로로 정하면 나머지는 자연히 세로가 되지요.

가로와 세로를 잴 때에는 언제나 같은 단위를 써야 해요.
- 길이가 cm이면, 넓이는 cm²예요.
- 길이가 mm이면, 넓이는 mm²예요.
- 길이가 m이면, 넓이는 m²예요.

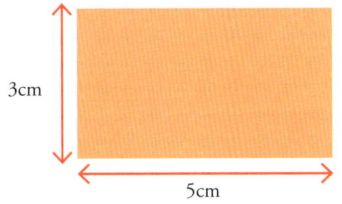

위 직사각형의 가로는 5cm이고, 세로는 3cm예요.
따라서 넓이는 $1\text{cm}^2 \times 5 \times 3 = 15\text{cm}^2$예요.

평행사변형의 넓이

종이에 평행사변형을 그린 뒤 한쪽 끝부분을 잘라 내어 평행사변형의 다른 한쪽 끝부분에 붙이면 직사각형이 만들어져요.

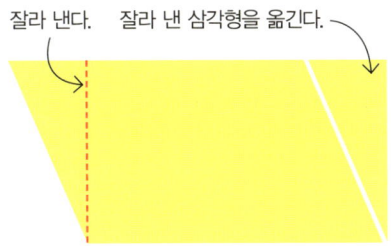

이것은 평행사변형의 넓이가 직사각형의 넓이와 같다는 걸 의미해요. 평행사변형의 넓이를 잴 때에는 밑변과 높이라는 말을 써요.

> 평행사변형의 넓이 = 단위넓이 × 밑변 × 높이

어느 쪽을 고르든지 한 쪽이 높이가 되면 다른 한 쪽은 밑변이 돼요.
다음 쪽의 평행사변형은 밑변이 4cm이고, 높이가 2cm예요.
이 평행사변형을 90°로 돌리면, 평행사변형의 밑변은 2cm가 되고, 높이가 4cm가 돼요.

따라서 이 둘의 넓이는 1cm²×2×4=8cm²로 같아요.

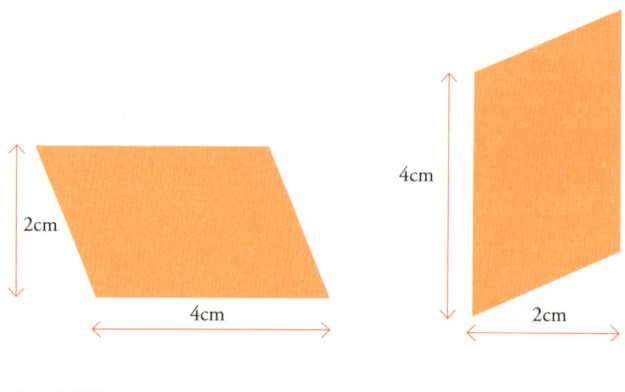

➜ 다각형

삼각형의 넓이

평행사변형을 한 꼭짓점에서 맞은편 꼭짓점으로 대각선을 따라 자르면 똑같은 삼각형 한 쌍이 생겨요.
이때 어떤 방향으로 자르더라도 두 개의 삼각형이 생겨요.

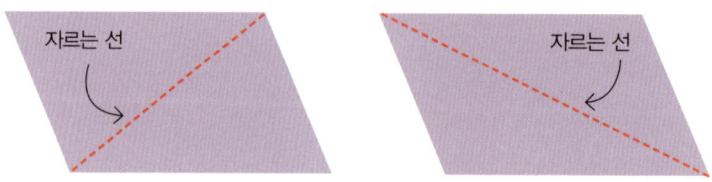

따라서 삼각형의 넓이는 평행사변형 넓이의 반이 되므로, 삼각형의 넓이를 구하는 식은 평행사변형의 넓이를 구하는 식에 $\frac{1}{2}$만 곱하면 돼요.

삼각형의 넓이 = $\frac{1}{2}$ × 밑변 × 높이

아래 삼각형의 밑변은 5cm이고, 높이는 4cm예요.

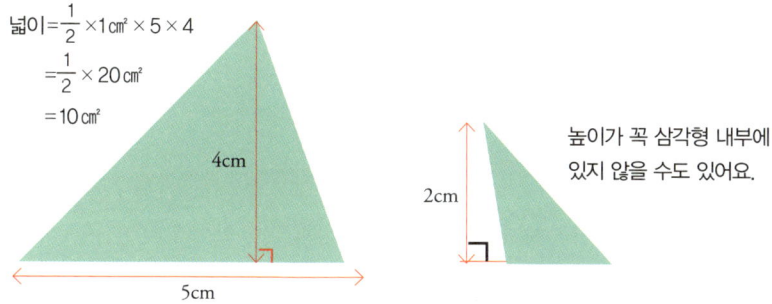

넓이 = $\frac{1}{2} \times 1\text{cm}^2 \times 5 \times 4$
= $\frac{1}{2} \times 20\text{cm}^2$
= 10cm^2

높이가 꼭 삼각형 내부에 있지 않을 수도 있어요.

측정

사각형의 넓이

아래와 같이 사각형을 자르고, 자른 조각을 붙여서 넓이를 구할 수도 있어요.

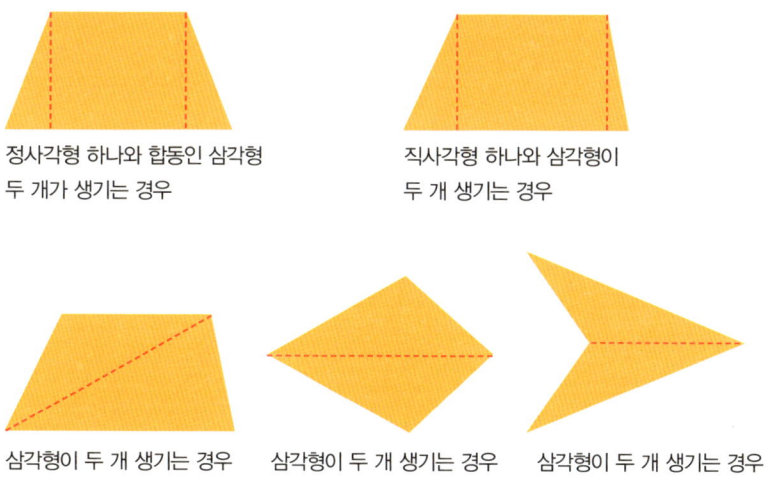

정사각형 하나와 합동인 삼각형 두 개가 생기는 경우

직사각형 하나와 삼각형이 두 개 생기는 경우

삼각형이 두 개 생기는 경우

삼각형이 두 개 생기는 경우

삼각형이 두 개 생기는 경우

➔ 사각형, 삼각형

복합도형의 넓이

복합도형은 간단한 도형들로 이루어져 있어요. 복합도형의 넓이를 구하려면 간단한 도형의 넓이를 구한 다음에 더하거나 빈 부분에 도형을 채웠다가 다시 빼 주면 돼요.

〈넓이를 구하는 방법 1〉

아래에 있는 도형은 정사각형과 직사각형으로 이루어져 있어요.

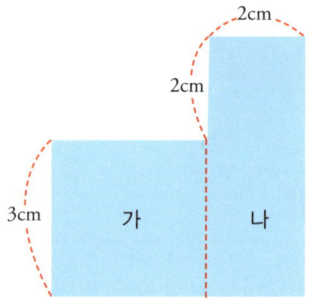

❶ 가의 넓이를 구한다. $1cm^2 \times 3 \times 3 = 9cm^2$
❷ 나의 넓이를 구한다. $1cm^2 \times 2 \times 5 = 10cm^2$
❸ ❶과 ❷를 더한다. $9cm^2 + 10cm^2 = 19cm^2$

따라서 위 도형의 넓이는 $19cm^2$예요.

〈넓이를 구하는 방법 2〉

빈 곳에 도형을 채워 큰 사각형의 넓이를 구한 뒤, 채워 넣었던 도형의 넓이를 빼 주는 방법도 있어요.

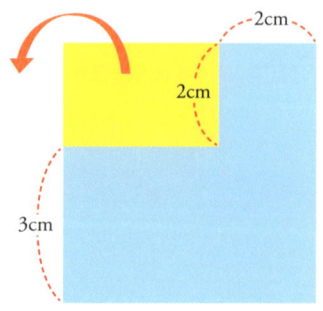

$(1cm^2 \times 5 \times 5) - (1cm^2 \times 2 \times 3) = 19cm^2$

역시 도형의 넓이는 $19cm^2$예요.

〈넓이를 구하는 방법 3〉

다음 도형은 정사각형과 삼각형을 붙여 놓은 모양이에요.

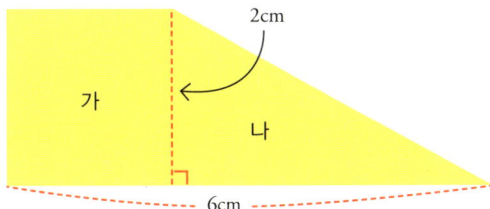

❶ 가의 넓이를 구한다.

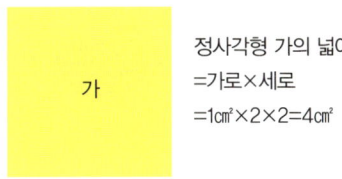

정사각형 가의 넓이
=가로×세로
=1㎠×2×2=4㎠

❷ 나의 넓이를 구한다.

삼각형 나의 넓이
$= \frac{1}{2} ×$ 밑변 × 높이
$= \frac{1}{2} × 1㎠ × 4 × 2$
$= \frac{1}{2} × 8㎠$
$= 4㎠$

❸ 가와 나의 넓이를 더한다.

따라서 도형의 넓이
=가의 넓이+나의 넓이
= 4cm² + 4cm² = 8 cm² 이다.

원의 넓이

원의 넓이 = π × 반지름² 또는 πr^2

아래 원의 넓이는 $3.14 \times 2cm \times 2cm = 12.56cm^2$이에요.

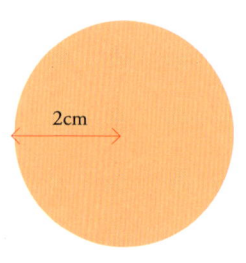

π는 '파이'라고 읽고, 값은 약 3.14예요.

원을 단위넓이가 들어가는 모양으로 바꿀 수 있다면 쉽게 넓이를 구할 수 있어요. 아래 그림처럼 원의 모양을 바꾼다면 원이 평행사변형의 모양이 되고, 평행사변형의 넓이를 구하면 돼요.

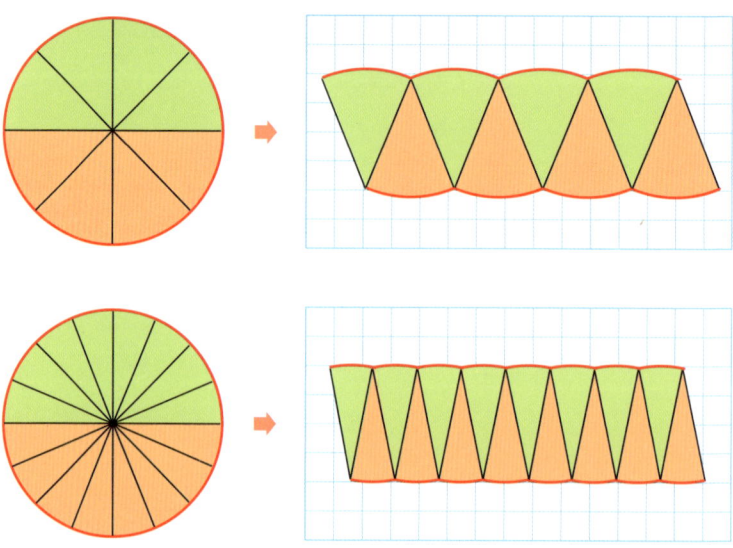

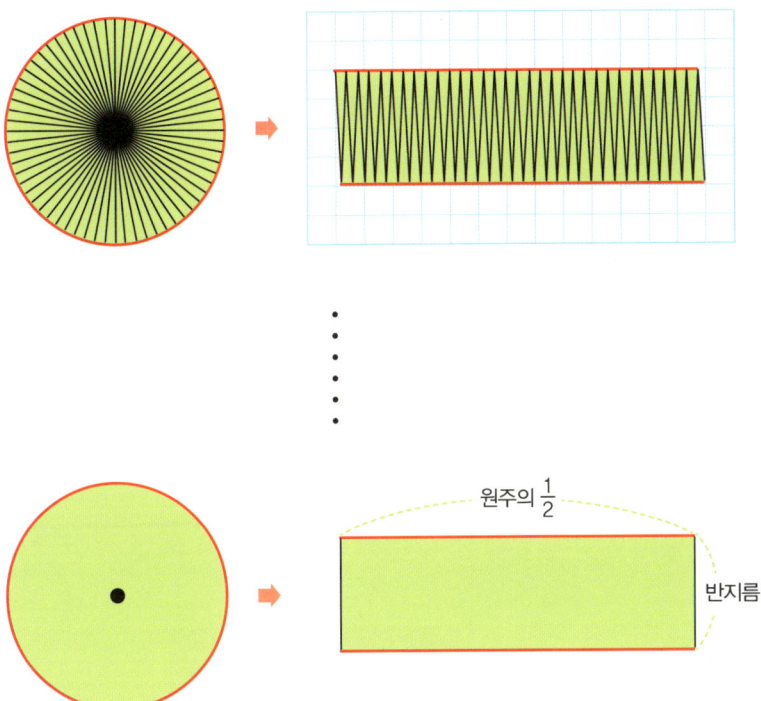

원의 넓이 = $\left(\text{원주의}\dfrac{1}{2}\right) \times \text{반지름}$

　　　　= $\left(\text{반지름} \times 2 \times 3.14 \times \dfrac{1}{2}\right) \times \text{반지름}$

　　　　= $(\text{반지름} \times 3.14) \times \text{반지름}$

➜ 원, 파이, 반올림

겉넓이 surface area

입체도형에서 겉면의 넓이를 모두 합한 값

입체도형의 겉넓이는 겉면의 넓이를 모두 더한 값이에요.
입체도형의 겉넓이를 구하려면 먼저 각 면의 넓이를 구한 뒤, 각 면의 넓이를 더하면 돼요.

〈정육면체의 겉넓이를 구하는 방법〉

❶ 먼저 한 면의 넓이를 구한다. $1cm^2 \times 2 \times 2 = 4cm^2$
❷ 정육면체는 6개의 면이 있으므로, 한 면의 넓이 $\times 6$을 한다.
$6 \times 4cm^2 = 24cm^2$ 이다.

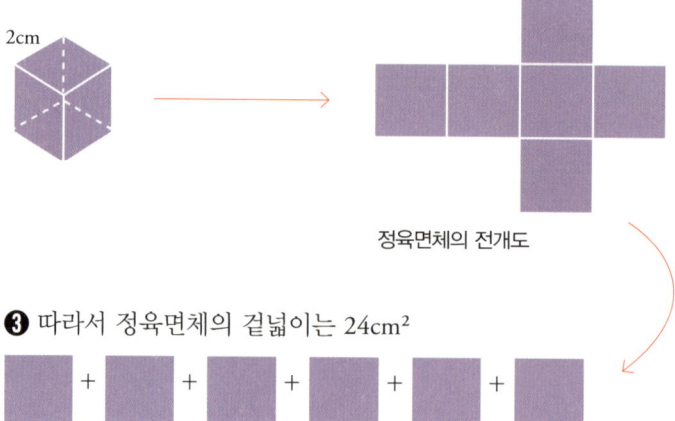

정육면체의 전개도

❸ 따라서 정육면체의 겉넓이는 $24cm^2$

〈정사각기둥의 겉넓이를 구하는 방법〉

정사각기둥은 정사각형 면 2개, 직사각형 면 4개로 이루어져 있어요.

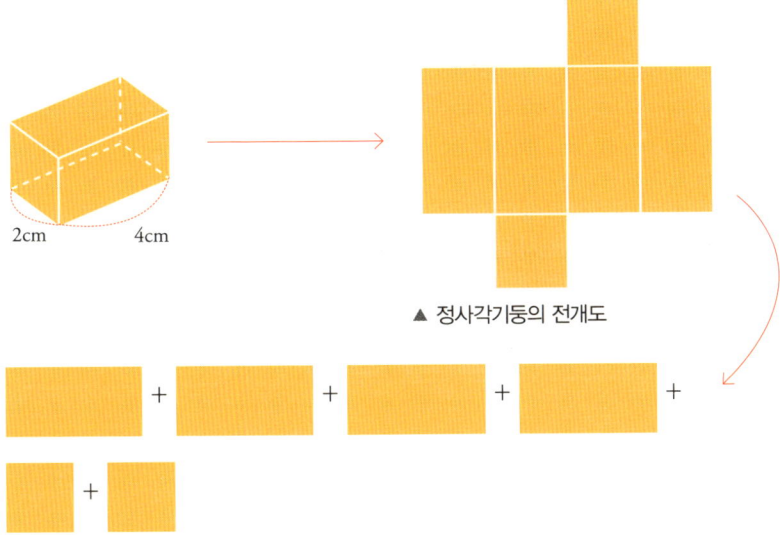

▲ 정사각기둥의 전개도

❶ 먼저 직사각형의 넓이를 구한다. $1cm^2 \times 2 \times 4 = 8cm^2$
   4를 곱하면 $4 \times 8cm^2 = 32cm^2$ 이다.
❷ 정사각형의 넓이를 구한다. $1cm^2 \times 2 \times 2 = 4cm^2$
   2를 곱하면 $2 \times 4cm^2 = 8cm^2$ 이다.
❸ 직사각형과 정사각형의 넓이를 더한다.
   $32cm^2 + 8cm^2 = 40cm^2$
❹ 따라서 정사각기둥의 겉넓이는 $40cm^2$이다.

➜ 입체도형, 기둥

부피는 입체도형이 공간에서 차지하는 양의 크기로, 정육면체 모양을 단위부피로 하고, 이 단위부피가 몇 번 들어가는지 알아보는 거예요. 부피는 세제곱 단위로 재며, 세제곱밀리미터(mm^3), 세제곱센티미터(cm^3), 세제곱미터(m^3)를 단위로 사용해요.

부피의 단위

부피에서 쓰는 대부분의 단위는 길이 단위와 관계가 있어요. 아래에 있는 정육면체의 각 모서리 길이는 1cm이므로, 정육면체의 부피는 1세제곱센티미터(cm^3)예요. 1세제곱센티미터는 1cm×1cm×1cm예요.

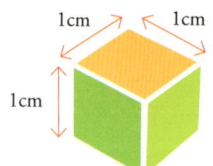

1cm×1cm×1cm = 1세제곱센티미터이고
1cm^3라고 나타낸다.

입체도형의 부피는 단위부피가 몇 개 있는지 세어서 구할 수 있어요. 아래 직육면체 안에 단위부피를 36개 넣을 수 있으므로, 아래 직육면체의 부피는 36이에요.

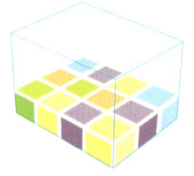

직육면체의 바닥에 넣을 수 있는 정육면체는 3개씩 4줄이므로 12개이다.

각 줄에 12개씩 2층을 더 쌓는다.

12개씩 3층까지 쌓으면 36개를 쌓을 수 있어요.
정육면체 하나의 부피가 1cm^3이므로 이 직육면체의 부피는 36cm^3이에요.

➔ 입체도형, 길이

직육면체의 부피

〈직육면체의 부피를 구하는 공식〉

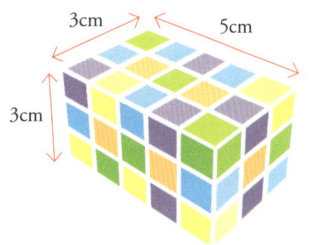

직육면체의 부피
= 단위부피 × 가로 × 세로 × 높이

따라서 위 직육면체의 부피는 $1cm^3 \times 3 \times 5 \times 3 = 45cm^3$ 예요.

정육면체의 부피

직육면체의 부피를 구하는 식을 이용하면 정육면체의 부피를 구할 수 있어요. 정육면체는 모든 모서리의 길이가 같기 때문에 정육면체의 부피를 구하는 식은 다음과 같아요.

〈정육면체의 부피를 구하는 공식〉

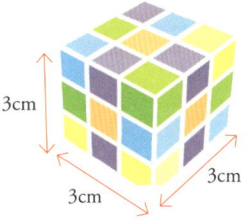

정육면체의 부피
= 단위부피 × 한 모서리 × 한 모서리 × 한 모서리
= (한 모서리)^3

따라서 위 정육면체의 부피는 $1cm^3 \times 3 \times 3 \times 3 = 27cm^3$ 예요.

➜ 입체도형, 길이

자료와 가능성

자료의 처리

자료는 정보라고도 해요. 자료를 정리하는 까닭은 자료를 모으고, 자료를 통해 무엇을 알 수 있는지 다른 사람들이 쉽게 알 수 있도록 하기 위해서예요.

흩어진 자료(이산량)

한 반의 학생 수처럼 어떤 정해진 값을 갖는 자료를 흩어진 자료라고 해요. 학생 수는 자연수로 세어야 하기 때문에 흩어진 자료에 속해요. 이처럼 흩어진 자료는 셀 수 있는 것을 말해요. 예를 들면 연필, 사과 등과 같은 물체의 개수가 여기에 해당돼요.

연속된 자료

어떤 범위 안의 값을 갖는 자료를 연속된 자료라고 해요.
예를 들어 4학년 1반에 있는 학생들의 키가 120cm에서 132cm 사이라고 할 때, 어린이들의 키는 범위 안에 있는 어떤 값을 갖기 때문에 연속된 자료라고 할 수 있어요. 길이, 무게, 넓이, 부피 등이 여기에 해당돼요.

자료 모으기

자료는 대부분 무언가를 관찰하거나 측정하거나 또는 질문을 해서 얻을 수 있어요. 점심시간에 학교 앞에 빨간 자동차가 몇 대 지나가는지, 장화를 던지면 얼마나 날아가는지, 친구들이 좋아하는 책은 무엇인지 등을 조사해 자료로 모을 수 있어요. 이때 여러분이 모은 자료는 1차 자료예요. 그런데 다시 누군가 그 자료를 모았다면 그것은 2차 자료가 돼요.

자료는 종이에 기록하고, 그래프나 표로 나타내고 연구할 수 있어요. 이렇게 자료를 모으고 정리하는 수학의 분야를 통계학이라고 해요.

자료와 가능성

설문 조사 surveys

설문 조사는 어떤 집단의 사람들을 전부 조사하지 않고, 조사한 사람들의 답변이 전체의 의견이라고 생각하는 조사 방법이에요.

어떤 학교 학생들에게 화요일 아침에 무엇을 먹었는지 조사할 경우 전교생에게 묻지 않고 100명에게 물어본 뒤 그중에서 33명이 콘플레이크를 먹었다고 대답했다면 이 학교 학생들의 33%는 화요일에 콘플레이크를 먹었다는 의미가 되지요.

질문지 questionaires

질문지는 설문 조사에서 사용되는 질문의 목록이에요. 질문지의 질문은 짧고 분명해야 해요.

질문지를 만드는 사람들은 어떻게 해서든 나올 수 있는 답의 범위를 줄이려고 해요. 그렇게 해야 결과를 분류하고 비교하기 좋기 때문이에요.

학교 교복에 대한 설문
자신의 생각과 가장 가까운 것에 표시하시오.

1. 교복을 입고 있나요?
   □ 예   □ 아니오
   '예'라고 답했다면 2번 질문으로 가시오.
   '아니오'라고 답했다면 3번 질문으로 가시오.

2. 여러분 교복은 주로 어떤 색입니까?
   □ 빨강   □ 파랑   □ 초록   □ 검정

3. 학교에서 무엇을 입고 있습니까?
   □ 평상복(청바지는 아니다)   □ 바지
   □ 기타(자세히 쓰시오)

자료 목록 data lists

자료 목록에는 수집한 정보들이 하나씩 나열되어 있어요. 이런 자료를 미가공 자료라고 하는데, 이런 자료가 쓸모 있게 되려면 분류를 해야 해요.

빗금분포표 tally charts

각 항목에 속하는 자료의 개수를 세어 빗금으로 표시하는 표를 만들어 자료를 분류하고 모을 수 있어요. 빗금을 그을 때 다섯 번째 빗금은 빗장을 지르듯이 가로로 그어서 나중에 빗금의 수를 더할 때 알아보기 쉽도록 해요.
각 줄에 있는 빗금의 수는 도수(자료에서 같은 정보가 몇 번이나 나오는지 알려 주는 것)를 나타내요.

왼쪽 빗금분포표는 4학년 1반 학생들의 생일을 알려 준다.
빗금의 개수를 세어 보면 4월에 태어난 어린이는 6명이라는 것을 쉽게 알 수 있다.
'바를 정(正)' 자의 획수가 5개인 것을 이용해 正으로 표시하기도 한다.
도수의 총합이 학생 수와 일치하는지 꼭 확인해야 한다.

도수분포표 grouping data

자료를 구간으로 나누면 자료에 담긴 정보를 이해하기 쉬워요.
다음은 35명의 어린이가 컴퓨터 게임에서 얻은 점수로 만든 자료 목록이에요.

14	25	8	47	21
36	29	36	42	17
7	32	38	26	33
15	24	13	30	16
35	41	5	19	32
31	30	36	40	10
29	35	31	28	22

자료와 가능성

점수를 몇 개의 구간으로 나누고 학생들의 점수가 각 구간에 얼마나 분포하고 있는지 알기 위해서 아래와 같이 빗금분포표를 만들어 빗금의 수를 더해서 각 구간의 도수를 구했어요.

학생 수(명) = 35

점수	빗금	도수
1–10	ⅠⅠⅠⅠ	4
11–20	ⅢⅠ	6
21–30	ⅢⅢ	10
31–40	ⅢⅢⅡ	12
41–50	ⅠⅠⅠ	3
누적 도수		35

이제 자료를 보면 가장 높은 점수대가 어디인지 쉽게 알 수 있어요. 많은 아이들이 21점에서 40점 사이에 분포하고 있고, 점수가 41 이상인 아이들은 35명 중에서 3명뿐이라는 것을 알 수 있어요.
이때 표에 나온 각 자료의 구간을 계급이라고 해요. 표에 나온 첫 번째 구간은 1–10이에요.

➜ 자료 목록

자료의 분류

자료를 모으고 분류했으면 표를 만들거나 그래프를 그려야 해요. 이렇게 하면 자료를 보기도 쉽고 이해하기도 쉬워요.

그림그래프 pictograms

그림그래프는 그림이나 기호를 써서 자료에 담긴 정보를 보여 주는 그래프예요. 각 그림은 어떤 양을 나타내는데 그림의 크기를 작게 하면 좀 더 작은 양을 나타내요. 그리고 그림그래프의 자료는 흩어진 자료를 사용해요.

다음의 그림 그래프는 바로 위에 있는 빗금분포표를 나타낸 것으로, 일주일 동안 어느 가게에서 팔린 아이스크림의 양을 나타낸 거예요.

〈그림그래프를 그릴 때 주의할 점〉

❶ 무엇에 대한 내용인지 알 수 있도록 제목을 붙인다.
❷ 그림이 무엇을 뜻하는지 설명을 붙인다.
❸ 그림은 같은 크기로 그린다.
❹ 어떤 줄에 가장 많이 있는지 한눈에 알아볼 수 있게 선을 그어 구분한다.
❺ 그림이 한 가지가 아닐 때는 같은 수를 나타내는 그림은 같은 크기로 그린다.

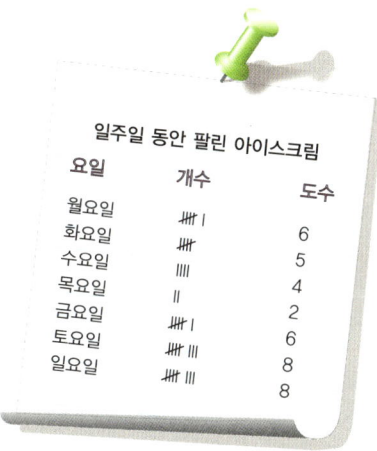

〈일주일 동안 팔린 아이스크림 개수〉

➜ 빗금분포표

막대그래프 bar charts

막대그래프는 흩어진 자료(이산량)를 정리하여 막대로 도수를 나타낸 그래프예요. 막대의 너비는 같지만, 세로는 도수를 나타내므로 길이가 달라요. 세로축은 같은 너비로 구분되어 있어야 해요. 무엇을 보고 있는지 알 수 있도록 제목도 붙여 주어야 하고, 가로축과 세로축이 무엇을 나타내는지도 쓰고 단위도 꼭 써야 해요.

〈4학년 1반 아이들이 좋아하는 아이스크림 맛〉

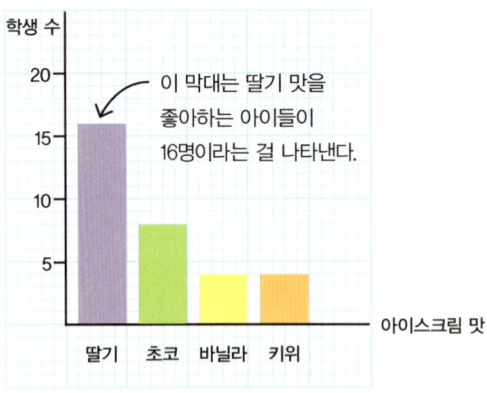

막대 대신 선을 이용하여 도수를 나타내는 선그래프도 있어요.

〈4학년 1반 아이들이 좋아하는 아이스크림 맛〉

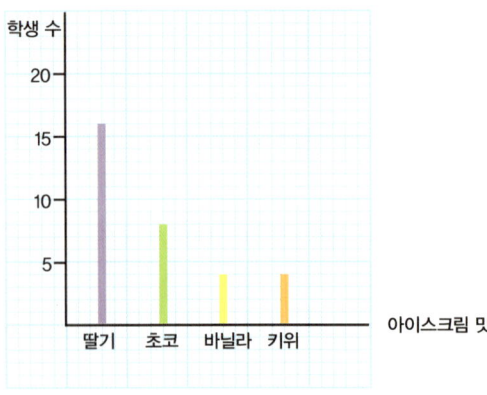

막대그래프와 비슷하게 생긴 그래프 중에 줄기잎그림(stem-and-leaf display)이 있어요. 이 그래프는 자료의 정확한 값도 알 수 있고 막대그래프처럼 어느 항목이 가장 많은지 한눈에 보이는 장점이 있어요. 그런데 자료가 너무 많으면 하나하나 다 보기가 힘들다는 단점도 있습니다.

〈줄기잎그림 그리는 방법〉

학생들의 수학 점수

| 83 | 76 | 93 | 67 | 97 | 84 | 72 | 94 |
| 95 | 57 | 66 | 75 | 82 | 93 | 79 | 80 |

줄기	잎
5	7
6	6 7
7	2 5 6 9
8	0 2 3 4
9	3 3 4 5 7

❶ 자료를 보고, 줄기와 잎을 정한다. 줄기는 보통 공통되는 부분을 모아 놓는데, 위에서는 50점, 60점, 70점과 같이 십의 자릿값을 줄기로, 일의 자릿값을 잎으로 정한다. 많이 바뀌는 부분을 잎으로 정하는 것이 쉽다.
❷ 세로선을 긋고, 세로선 왼쪽 줄기에 십의 자릿값으로 5, 6, 7, 8, 9를 쓴다.
❸ 세로선 오른쪽 잎에 50점대의 점수를 찾아 일의 자리 숫자 7, 60점대 점수를 찾아 줄기 6의 오른쪽에 일의 자리 숫자 6, 7을 쓴다. 이와 같은 방법으로 수학 점수를 모두 기록한다.
❹ 2명이 93점을 받았다면, 줄기 9의 오른쪽 잎에 3을 두 번 다 써야 한다. 자료가 몇 개 있는지가 중요하기 때문이다.

➡ 축, 도수분포표

원그래프 pie charts

원그래프는 둥근 모양을 따서 붙인 이름이에요.
원 조각은 각각의 항목을 나타내고, 그것의 크기는 자료의 도수를 나타내요. 도수가 클수록 조각도 커지므로 원그래프는 어떤 것이 얼마나 차지하고 있는지 한눈에 알아볼 수 있어요. 원그래프가 나타내는 것이 무엇인지 제목과 항목을 붙이세요. 정확히 표시할 때는 비율(%)로 나타내기도 하지요.

〈4학년 1반 아이들이 좋아하는 아이스크림 맛〉

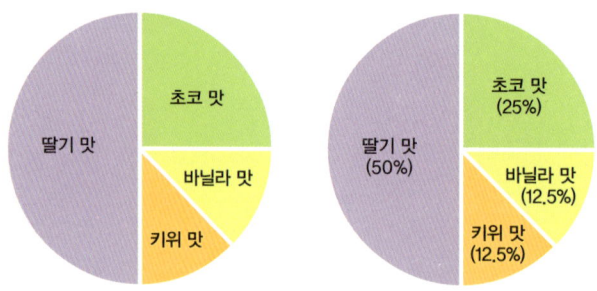

4학년 1반 학생의 수가 32명일 때 각 조각이 나타내는 비율을 알아 보면 각각의 맛을 좋아하는 학생들이 대략 몇 명인지 알 수 있어요.
딸기 맛은 파이 반 조각 정도이므로, 딸기 맛을 좋아하는 아이들이 절반 정도 된다는 뜻이에요.
초코 맛은 파이의 $\frac{1}{4}$ 정도를 차지하고 있으므로, 초코 맛을 좋아하는 아이들은 8명이에요.

➔ 벤 다이어그램

표 만들기

숫자나 모양, 또는 서로 관련된 다른 정보를 보여 주기 위해서 표를 사용할 수도 있어요.

벤 다이어그램 venn diagrams

벤 다이어그램은 서로 관계 있는 두 개의 정보를 원 모양으로 나타낸 그림이에요.

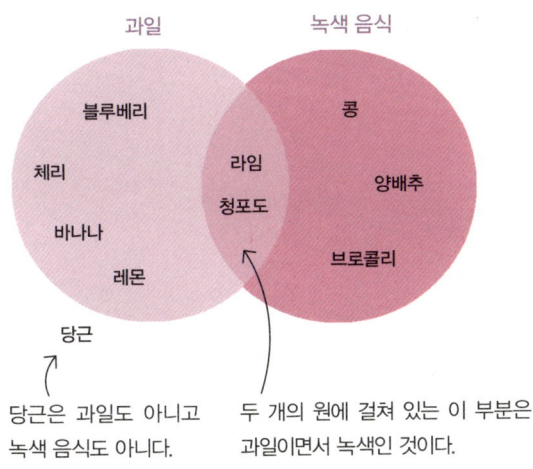

당근은 과일도 아니고 녹색 음식도 아니다.

두 개의 원에 걸쳐 있는 이 부분은 과일이면서 녹색인 것이다.

➜ 비율, 도수

꺾은선그래프 line graphs

꺾은선그래프는 모눈 위에 있는 한 쌍의 점들로 이루어진 직선으로 나타내요. 이때 그래프가 무엇을 나타내는지 알 수 있도록 제목을 쓰고 가로축과 세로축이 나타내는 것도 표시해야 해요.

아래 꺾은선그래프는 스포츠 용품점에서 한 달 동안 자전거가 몇 대 팔렸는지 조사한 그래프예요.
세로축으로 올라가서 점을 찾으면 가게에서 팔린 자전거의 수를 알 수 있고, 가로축을 따라가면 자전거가 몇 월에 팔렸는지를 알 수 있어요. 또 점의 위치를 읽을 수 있으면 몇 월에 자전거가 몇 대 팔렸는지 알 수 있어요.

〈자전거 월별 판매량〉

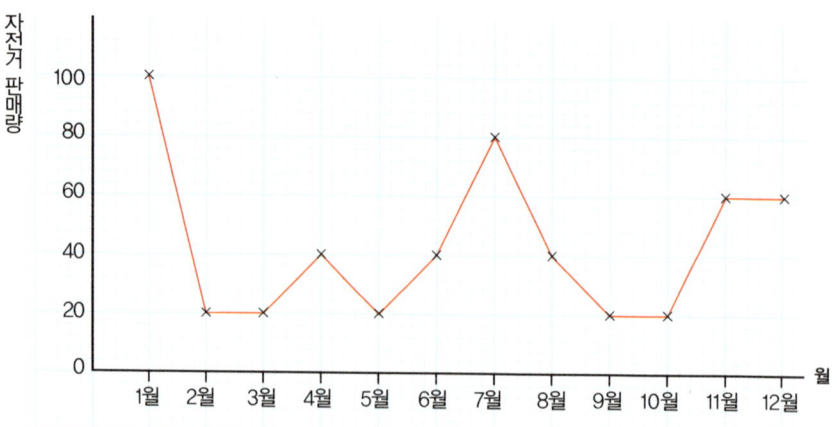

1월에 자전거가 몇 대 팔렸는지 알고 싶으면 가로축에서 1월 눈금을 찾아 가로축에 수직으로 자를 대고 그래프와 만나는 점을 찾아 이 점에서 세로축에 수직이 되도록 자를 대고 세로축의 눈금을 읽으면 돼요.
이렇게 하면 1월에 자전거 100대가 팔렸다는 것을 알 수 있어요. 똑같은 방법으로 계속하면 각 달마다 자전거가 몇 대 팔렸는지 알 수 있어요.

꺾은선그래프에서는 직선이 만나는 곳에 점을 찍거나 '×'표시를 해요. 점 사이의 선분은 실제의 값을 나타내지는 않고, 기울어진 정도를 통해서 흐름을 알게 해 줘요. 즉 점이 나타내는 값이 어떻게 변하는지 알려 주지요.

가파르게 기울어진 부분은 변화의 범위가 커요. 그래서 기울기가 큰 부분은 기울기가 완만한 부분보다 더 큰 변화를 나타내요.

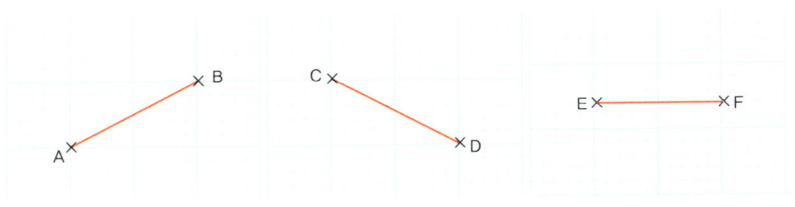

위쪽으로 올라가 있으면 B는 A보다 더 크다는 뜻이다.

아래쪽으로 내려가 있어서 점 D는 점 C보다 더 아래에 있다.

이 직선은 기울어지지 않았으므로, E와 F는 같다.

➜ 축, 좌표평면, 수평, 점, 수직

시간-거리 그래프 distance-time graphs

시간-거리 그래프는 어떤 것이 일정한 시간 동안 얼마나 움직였는지를 보여 줘요.

다음의 시간-거리 그래프는 엄마가 장을 보러 갔을 때의 상황을 나타낸 거예요. 세로축은 엄마의 이동 거리를 나타내고, 가로축은 엄마가 이동한 시간을 나타내요.

〈엄마가 장 보러 가는 길〉

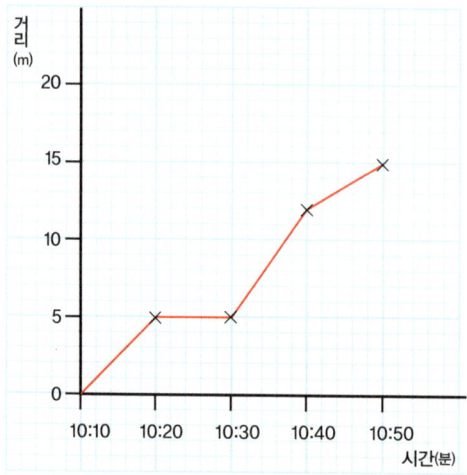

선이 기울어질수록 대상은 더 빨리 움직여요.

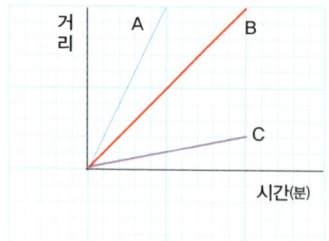

A는 B보다 빠르고 B는 C보다 빠르다.

위 그래프를 보면, 엄마는 10시 30분과 10시 40분 사이에 가장 많이 이동했고, 10시 20분과 10시 30분 사이에는 전혀 움직이지 않았음을 알 수 있어요.

평균

평균은 자료 전체를 드러내는 하나의 정보예요. 예를 들어 나이가 9, 9, 10, 9, 8, 9, 9, 8, 9, 10살인 아이들이 있다고 할 때, 이 값을 모두 나열하기보다는 아이들의 평균 나이가 9살이라고 알려 주면 선생님에게는 좀 더 도움이 돼요.

최빈값 mode

최빈값은 어떤 값 또는 항목이 하나의 자료에서 얼마나 자주 나오는지를 알려 주는 값이에요. 사람들에게 인기 있는 것이나 가장 일반적인 것을 알고 싶다면 최빈값을 찾아보는 것이 도움이 돼요.

아래 빗금분포표는 30명의 아이들에게 가장 좋아하는 스포츠를 조사한 표예요. 여기에서 최빈값을 찾으면 아이들이 가장 좋아하고 인기 있는 스포츠가 무엇인지 알 수 있어요.

빗금의 수를 모두 더하면 30명 중에 10명은 스키를 좋아하므로, 스키가 가장 인기 있는 스포츠라는 것을 알 수 있어요.

⟨아이들에게 인기 있는 스포츠⟩

스포츠	빗금
스키	𝍬𝍬
훌라후프 돌리기	|||
밸런스 게임	||
볼링	||||
야구	|||
테니스	𝍬||

평균값 mean

평균값은 어떤 자료를 대표하는 값이에요. 자료의 평균을 구하려면 자료의 값을 모두 더한 다음에 자료의 수로 나누어야 해요.

$$\text{평균} = \frac{\text{자료 값의 합}}{\text{자료의 수}}$$

〈6월 어느 한 주 동안 휴양지의 기온〉

	월	화	수	목	금	토	일
℃	23	22	20	18	16	19	22

평균 기온을 구하면, 23+22+20+18+16+19+22=140이므로, $\frac{140}{7}=20$으로 평균은 20℃예요.

만약 평균이라고 하면서 어떤 종류인지 말하지 않았다면 그때는 평균값을 말하는 거예요.

➜ 자료, 빗금분포표

중앙값 median

어떤 자료의 가운데에 있는 값을 중앙값이라고 해요.
중앙값은 자료들 중에서 아주 크거나 작은 값이 있을 때 쓸모 있는 평균의 한 종류예요.

〈퀴즈 점수의 중앙값〉

먼저 자료를 작은 값부터 차례대로 늘어놓고 중앙값을 찾아 봐요.

5 35 37 45 ㊾ 51 62 73 98

중앙값은 한가운데 있는 49예요. 이때 자료가 짝수 개 있다면 중앙값은 중앙에 있는 두 값의 한가운데가 돼요. 그 값을 찾으려면 먼저 중앙에 있는 두 개의 값을 찾은 다음 둘을 더한 값을 2로 나누면 돼요.

5 35 37 45 ㊾ ㊿ 54 62 73 98

가운데 값은 49와 51이에요.
따라서 중앙값은 (49+51)÷2=100÷2=50이에요.

자료의 범위 range

자료의 범위란 가장 큰 자료와 가장 작은 자료의 차이를 말해요. 자료의 범위를 구하려면 자료를 가장 작은 값부터 가장 큰 값까지 차례대로 놓으면 돼요.

범위 = 가장 큰 값 − 가장 작은 값

아래 점수의 범위를 구해 볼까요?

31 21 38 30 27 48 33 36 24

❶ 자료를 작은 것부터 차례대로 늘어놓는다.
   21 24 27 30 31 33 36 38 48
❷ 가장 큰 값에서 가장 작은 값을 뺀다.
   자료의 범위=48−21=27
❸ 구간으로 나눈 자료의 범위를 구하려면 가장 높은 구간의 큰 값에서 가장 낮은 구간의 작은 값을 빼 주면 된다.

→ 뺄셈

확률

확률은 어떤 일이 어느 정도 일어날 것 같은지 측정하는 거예요. 사람들은 생활 속에서 확률에 관한 말을 많이 써요. 학교를 마치고 확실히 친구를 만날 것이라든지, 저녁을 먹기 전에 숙제를 마치는 것은 불가능하다는 식으로 말이에요.

사건 events

어떤 일이 일어나야 확률에 대해서 말할 수 있는데 그 일을 사건이라고 해요. 예를 들어 주사위를 던지거나 동전을 던지는 것을 사건이라고 해요.

결과 outcomes

사건에서 어떤 일이 일어났는지를 결과라고 해요. 예를 들어 주사위를 던졌을 때 얻은 점수나 동전을 던졌을 때 나온 면과 같은 것이 결과예요.

결과가 같은 확률 equally likely outcomes

어떤 일이 일어나지 않을 가능성과 일어날 가능성이 같을 때 확률은 같아요. 예를 들어 동전을 던졌을 때 앞면이 나올 확률과 뒷면이 나올 확률은 반반으로 같아요.

확률의 범위

확률의 범위는 결과가 나타날 가능성을 보여 주는 거예요.
불가능에서 확실까지 확률의 범위를 나타내는 말이 많이 있는데, 이는 상황에 맞게 쓸 수 있어요.

확률의 범위는 0에서 1까지예요. 불가능한 경우는 확률이 0이고, 확실한 경우는 확률이 1이에요. 모든 확률은 0~1 사이에 있어요.

확률은 분수, 소수, 백분율, 비율로도 나타낼 수 있어요.
예를 들어 반반인 확률은 $\frac{1}{2}$, 0.5, 50%로 나타낼 수 있어요. 이와 같은 뜻으로 둘 중에 하나, 50:50이라는 말도 써요.

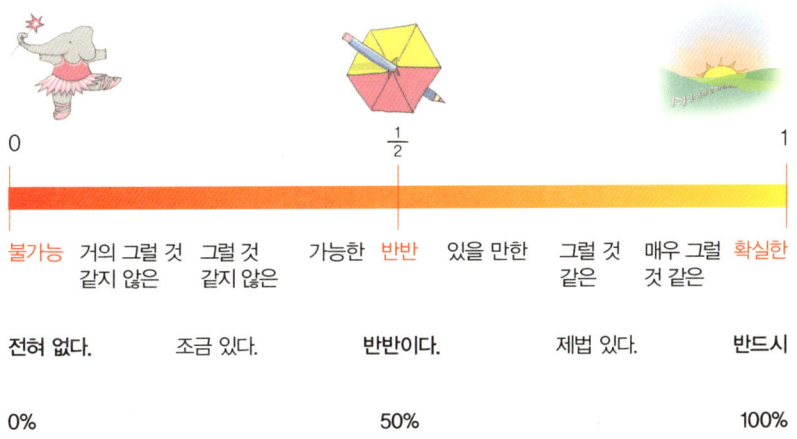

➜ 소수, 분수, 백분율, 비율

무작위 random

사건이 무작위로 일어난다는 말은 확률이 모두 같다는 말이에요. 복권 추첨을 할 때는 무작위로 뽑는데, 이것은 숫자가 쓰인 구슬이 뽑힐 확률이 모두 같기 때문이에요.

동전의 확률

동전을 던지면 앞면이 나오거나 뒷면이 나오는 두 가지 결과가 나와요. 이때 확률이 반반으로(둘 중에 하나) 앞면이 나올 확률과 뒷면이 나올 확률이 같아요.

동전 두 개를 던지면 아래의 4가지 결과가 나와요.

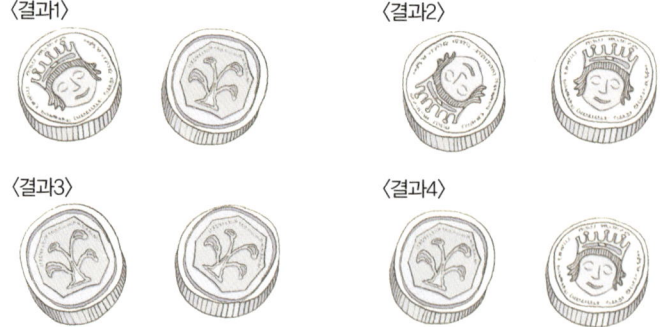

동전 2개가 모두 앞면이 나올 확률은 $\frac{1}{4}$이에요. 앞면이 하나, 뒷면이 하나 나오는 것은 서로 다른 두 가지 경우가 있으므로 확률은 $\frac{2}{4}$예요. 이것을 2로 나누면 $\frac{1}{2}$이에요. 따라서 앞면 한 개, 뒷면 한 개가 나올 확률은 $\frac{1}{2}$이에요.

주사위의 확률

주사위에는 면이 6개 있고, 각 면마다 점이 1, 2, 3, 4, 5, 6개 찍혀 있어요. 이것은 주사위를 던졌을 때의 경우의 수(어떤 일이 일어날 수 있는 경우의 가짓수)가 1부터 6까지 있다는 것을 의미해요.

또한 주사위에는 홀수(1,3,5)가 3개 있으므로, 홀수가 나올 확률은 $\frac{3}{6}$이에요. 그리고 약분하면 $\frac{1}{2}$이고, 반반인 확률이에요.

6이 아닌 수는 5개(1,2,3,4,5)이고, 6이 아닌 수가 나올 확률은 $\frac{5}{6}$예요.

주사위를 던졌을 때 6이 나올 확률은 $\frac{1}{6}$이다.

주사위를 던졌을 때 6이 나오지 않을 확률은 $\frac{5}{6}$이다. 즉 $1-\frac{1}{6}$과 같다.

공평한 것, 불공평한 것

주사위를 계속 던졌을 때 각 면이 나오는 횟수는 비슷해져요. 이렇게 되면 그 주사위는 공평한 것에 해당돼요.

하지만 주사위를 던졌을 때 1보다 6이 더 많이 나온다면 그 주사위는 불공평하다고도 할 수 있어요.

수학 기호

다음은 알아 두어야 할 수학 기호들이에요. 여기에서 n과 m은 어떤 숫자를 뜻하는 것으로 기호와 함께 쓸 수 있어요.

+ 덧셈
2+5=7

− 뺄셈
13−4=9

× 곱셈
6×5=30

÷ 나눗셈
12÷3=4

= 등호(같음)
2+3=6−1

≠ 같지 않음
2+2≠5

≈ 거의 같음(근사값)
10÷3≈3

% 백분율
25%×12=3

n:m 비

· 소수점
15÷2=7.5

n° 각도

⌐ 직각

$<$	~보다 작음 $1 < 3$	(n)	괄호 $2 \times (5-1)$ $= 2 \times 4 = 8$
$>$	~보다 큼 $3 > 1$	π	파이(약 3.14)
$\leq$	같거나 작음 $+n \leq 3$ $n = 3, 4, 5 \cdots$	∞	무한대 $1 \div 0 = \infty$
$\geq$	같거나 큼 $n \geq 3$ $n = 3, 4, 5 \cdots$		

자료와 가능성

ㄱㄴㄷ 순서로 찾아보기

차례에 나온 수학 용어를 포함하여 본문에 있는 수학 용어들도 쉽게 찾아볼 수 있도록 구성하였습니다.

가분수 · 30
가테그노 표 · 37
각 · 134, 137
각도 계산하기 · 142
각도 예상하기 · 139
각도 · 137
각도기 사용법 · 140
각뿔 · 166
갈라서 더하기 · 69
거리 · 239
거울 대칭 · 171
거울선 · 172
겉넓이 · 222
격자(겔로시아) 곱셈 · 108
계산기 사용법 · 120
곡선이 있는 도형 · 210
곡선이 있는 도형의 둘레 · 208
곱셈 · 84
곱셈–2배 비법 · 91
곱셈–5배 비법 · 91
곱셈–9배 비법 · 91
곱셈–11배 비법 · 92
곱셈–10을 곱하기 · 93
곱셈–10의 배수를 곱하기 · 94
곱셈–100, 1000을 곱하기 · 94
곱셈의 검산 · 109
곱셈의 결합법칙 · 98

곱셈의 교환법칙 · 97
곱셈의 규칙 · 97
곱셈의 분배법칙 · 98
곱셈표 · 87
공배수 · 20
공약수 · 23
공통분모 · 33
공평한 것, 불공평한 것 · 247
구 · 168
구각형 · 175
국제 날짜 변경선 · 206
규칙 · 27
규칙 상자 · 124
규칙상자에서 나오는 수 찾기 · 124
규칙상자에서 들어가는 수 찾기 · 124
그램 · 188
그리니치 표준시(GMT) · 205
그림그래프 · 232
근삿값 · 53
기둥 · 167
기수법 · 15
길이 어림하기 · 193
길이 환산 · 191
길이 · 191
길이의 단위 · 188
깊이 · 192
꺾은선그래프 · 238

나눗셈 · 85
나눗셈–10으로 나누기 · 96
나눗셈–10의 배수로 나누기 · 97
나눗셈–100, 1000으로 나누기 · 96

나눗셈의 검산 • 114
나눗셈의 규칙 • 99
나머지 • 86
나침반 • 185
나침반의 방위 • 185
너비 • 163, 192
넓이 어림하기 • 209
넓이 • 209
넓이의 보존 • 212
높이 • 192
눈금 읽기 • 190

다각형 • 145
다각형의 이름 • 150
다면체 • 164
단위넓이 • 209
단위를 바꾸는 계산 • 189
단위분수 • 29
달력 • 200
닮음 • 180
대각선 방향으로 그려진 도형 • 209
다각형 • 145
대분수 • 30
대칭 • 136, 171
대칭축 • 172
덧셈 • 64
덧셈의 검산 • 77
덧셈의 규칙 • 68
도량형 • 188
도수 • 231
도수분포표 • 231
도형 돌리기 • 176

도형 뒤집기 • 178
도형 • 131, 176
도형의 내각 • 143
도형의 백분율 • 46
도형의 이동 • 176
도형의 합동 • 180
동심원 • 159
동전의 확률 • 246
두 배라고 예상하여 더하기 • 71
두께 • 163
둔각 • 139
둘레 • 207
들이 • 197
들이 어림하기 • 198
들이 측정하기 • 197
들이의 단위 • 188
등각다각형 • 148
등변다각형 • 149
디지털 시계 • 203

리터 • 188

마름모 • 155
막대그래프 • 234
만나는 직선 • 184
맞꼭지각 • 142
머리셈(곱셈) • 100
머리셈(나눗셈) • 110
머리셈(덧셈) • 69
머리셈(뺄셈) • 78
면 • 163

명수법 • 16
모서리 • 163
묶 • 86
무게 • 195
무게 어림하기 • 195
무게 측정하기 • 196
무게와 질량의 환산 • 195
무게의 단위 • 188
무늬 만들기 • 161
무작위 • 246
무한대 • 14
미터 • 188
미터법 • 188
미터법에서의 단위 • 189
밀리미터 • 188

반구 • 168
반올림 • 57
반올림하여 백의 자리까지 나타내기 • 58
반올림하여 십의 자리까지 나타내기 • 58
반올림하여 천의 자리까지 나타내기 • 59
반올림하거나 바꾸어 더하기 • 70
반올림하거나 바꾸어 빼기 • 80
반올림하여 어림하기 • 63
반원 • 158
반지름 • 157
방위 • 185
방정식 • 126
배수 • 19
백, 십, 일을 더하기 • 73
백, 십, 일을 빼기 • 81
백분율 • 45

백분율로 비교하기 • 52
백분율을 분수로 고치기 • 49
백분율을 소수로 고치기 • 49
벤 다이어그램 • 237
변 • 146
복합도형의 넓이 • 218
복합도형의 둘레 • 208
볼록다각형 • 149
부등변삼각형 • 152
부채꼴 • 158
부피 • 224
분수 • 28
분수로 바꾸어 백분율 계산하기 • 47
분수를 백분율로 고치기 • 49
분수를 소수로 나타내기 • 38
분수의 곱셈 • 34
분수의 나눗셈 • 35
분수의 덧셈 • 33
분수의 뺄셈 • 34
분수의 크기 어림하기 • 63
분수 표기법 • 28
불규칙 다각형 • 148
비 • 42
비대칭 • 171
비례배분 • 43
비를 간단하게 나타내기 • 42
비율 • 43
빗금 • 182
빗금분포표 • 230
뺄셈 • 65
뺄셈의 검산 • 83

사각기둥 · 223
사각형 · 153
사각형의 내각 · 143
사각형의 넓이 · 217
사건 · 244
사다리꼴 · 153
사분원 · 158
삼각기둥 · 167
삼각자 · 141
삼각형 · 151
삼각형의 넓이 · 216
상 · 176
서머타임 · 206
선그래프 · 234, 238
선대칭 · 171
선분 · 133
설문 조사 · 229
세계 시각 · 204
세계 표준시 · 205
세로셈 · 82
센티미터 · 207
소수 · 24, 36
소수를 백분율로 고치기 · 48
소수를 분수로 나타내기 · 38
소수를 이용하여 백분율 계산하기 · 48
소수의 곱셈 · 41
소수의 나눗셈 · 41, 114
소수의 덧셈 · 40
소수의 뺄셈 · 40
소수의 자리 · 37
소인수분해 · 25
수 · 12

수량 어림하기 · 62
수선 · 142
수열 · 128
수직 · 135, 182
수직선 · 18
수직선에서 더하기 · 72
수평 · 181
수학 기호 · 248
순서쌍 · 22, 183
숫자 · 12
시각 · 198
시간 · 199
시간–거리 그래프 · 239
시간의 단위 바꾸기 · 203
시간대 · 204
시간–12시간제 · 201
시간–24시간제 · 201
시간의 단위 · 199
시간의 차 구하기 · 204
시계 반대 방향 · 176
시계 방향 · 176
십각형 · 175
십이각형 · 175
십일각형 · 175

아날로그 시계 · 202
약분 · 32
약수 · 22
어림하기 · 62
연꼴 · 155
연속된 자료 · 228
영(0) · 14

예각 • 138
오각형 • 147
오목다각형 • 149
우각 • 139
원 • 157
원그래프 • 236
원기둥 • 167
원둘레 • 157
원뿔 • 166
원의 넓이 • 220
원점 • 182
유효 숫자 • 53
육각형 • 147
이등변삼각형 • 152
입체도형 • 163

자료 모으기 • 228
자료 목록 • 230
자료의 분류 • 232
자료의 처리 • 228
자릿값 • 17
자릿값을 이용하여 더하기 • 69
자릿값을 이용하여 빼기 • 79
자연수 • 15
전개도 • 169
점 • 132
점대칭 • 173
정다각형 무늬 만들기 • 161
정다각형 • 147
정다면체 • 165
정사각형 • 154
정삼각형 • 151

정육면체의 부피 • 225
제수 • 86
좌표 • 183
좌표의 규칙 • 184
좌표평면 • 182
좌표평면-x 좌표 • 183
좌표평면-x 축 • 182
좌표평면-y 좌표 • 183
좌표평면-y 축 • 182
주사위의 확률 • 247
중앙값 • 242
직각 • 138
직각삼각형 • 151
직사각형 • 154
직사각형과 정사각형의 넓이 • 214
직선 위에 있는 각 • 142
직선 • 133
직육면체의 부피 • 225
진분수 • 29
질량 • 195
질문지 • 229
짝수 • 21
짝지어서 더하기 • 71

최빈값 • 241
축 • 172
측정 도구 • 193
측정 • 188
칠각형 • 174
칠교 • 212

크기가 같은 분수 • 31
킬로미터 • 188

타원 • 159
테셀레이션 • 161
톤 • 188

파이 • 160
팔각형 • 174
평각 • 138
평균 • 241
평균값 • 242
평면도형 • 145
평면도형의 대칭 • 174
평행사변형 • 215
평행사변형의 넓이 • 215
평행선 • 134
표 만들기 • 237
표를 이용하여 곱셈하기 • 93
표를 이용하여 나눗셈하기 • 95
피제수 • 86
필산 • 75, 81, 104, 112

한 뼘 • 194
한 점에서 만나는 각 • 143
한 바퀴 360° • 174
할인 • 51
합성수 • 25
항 • 26

현 • 158
호 • 157
혼합계산 • 116
홀수 • 21
화살촉꼴 • 155
확률 • 244
확률의 범위 • 245
활꼴 • 158
회전대칭 • 173
회전대칭의 수 • 174
회전대칭의 중심 • 173
회전체 • 166
횡단면 • 164
흩어진 자료 • 228

JUNIOR ILLUSTRATED MATHS DICTIONARY

Copyright © Usborne Publishing Ltd.
First published in 2010 by Usborne Publishing Ltd, 83-85 Saffron Hill, London EC1N 8RT, England.
All rights reserved.
Korean translation copyright © 2012 by Gimm–Young Publishers, Inc.
This edition is published by arrangement with Usborne Publishing Limited in London through Kids Mind Agency, Seoul.

이 책의 한국어판 저작권은 키즈마인드에서 에이전시를 통해 Usborne Publishing Limited와 독점 계약한 (주)김영사에 있습니다. 신 저작권법에 의해 한국 내에서 보호를 받는 저작물이므로 무단 복제를 금합니다.

글 커스틴 로저
영국 옥스퍼드 대학교에서 음악을 전공한 뒤 학교 선생님이 되기 위해 공부를 했습니다. 하지만 이후 진로를 바꾸어 어린이 책 저자가 되었고 지금까지 어스본 출판사를 통해 많은 책을 펴내고 있습니다. 저서로는 《인터넷으로 볼 수 있는 과학사전》《아동을 위한 수학 사전》과 론푸렌 상을 수상한 《현미경에 관한 책》 등이 있습니다.

그림 루스 러셀
어스본 출판사에서 여러 책을 펴낸 디자이너이자 일러스트레이터입니다. 현재 세 명의 딸과 남편과 함께 영국 미들랜드에 살면서 여유 시간에는 딸들을 위해 그림을 그리고 책을 만드는 일을 하고 있습니다.

옮김 김재영
대학에서 회계학을 공부한 뒤 아이들에게 꿈과 용기를 주고 넓은 세상을 보여 주는 책을 찾아 우리말로 옮기고 있습니다. 지금까지 옮긴 책으로는 《수학이 꿈틀꿈틀》《수학 공식이 꼬물꼬물》《엘피의 다락방》《져야 이기는 내기》《동전 한 닢의 힘》 등이 있습니다.

감수 천무현
서강대학교 수학과를 졸업한 뒤 동대학원에서 수학교육과 석사 과정을 마쳤습니다. 〈앗 시리즈〉의 《수학이 자꾸 수군수군 4.측정》《수학이 꼬물꼬물》《수학이 모두 모여 수군수군》《수학이 수리수리 마술이》 등에 감수를 맡았습니다.

감수 지경구
초등수학교육학으로 석사 학위를 받았으며 대구남부교육지원청 영재교육원 강사로 활동하였습니다. 지은 책으로는 《수학영재들의 두뇌 트레이닝을 위한 논리 퍼즐》《수학영재 핵심 용어 해설 3(논리·자료와 가능성 영역)》이 있습니다.

꼭 알아야 할 공식

● 개수

(각기둥의 면의 수) = (밑면의 변의 수)+2

(각기둥의 모서리 수) = (밑변의 수)×3

(각기둥의 꼭짓점의 수) = (밑면의 변의 수)×2

(각뿔의 면의 수) = (밑면의 변의 수)+1

(각뿔의 꼭짓점의 수) = (밑면의 변의 수)+1

(각뿔의 모서리 수) = (밑면의 변의 수)×2

● 넓이

(삼각형의 넓이) = (밑변의 길이)×(높이)÷2

(직사각형의 넓이) = (가로)×(세로)

(정사각형의 넓이) = (한 변의 길이)×(한 변의 길이)

(평행사변형의 넓이) = (밑변의 길이)×(높이)

(사다리꼴의 넓이) = (아랫변의 길이+윗변의 길이)×(높이)÷2

(마름모의 넓이) = (한 대각선의 길이)×(다른 대각선의 길이)÷2

(원의 넓이) = (반지름)×(반지름)×3.14

(사각기둥의 넓이) = (밑면의 넓이)×2+(밑면의 둘레)×(높이)